CONTEÚDO DIGITAL PARA ALUNOS
Cadastre-se e transforme seus estudos em uma experiência única de aprendizado:

1 Entre na página de cadastro:
www.editoradobrasil.com.br/sistemas/cadastro

2 Além dos seus dados pessoais e dos dados de sua escola, adicione ao cadastro o código do aluno, que garantirá a exclusividade do seu ingresso à plataforma.

2399599A2145476

3 Depois, acesse:
www.editoradobrasil.com.br/leb
e navegue pelos conteúdos digitais de sua coleção :D

Lembre-se de que esse código, pessoal e intransferível, é valido por um ano. Guarde-o com cuidado, pois é a única maneira de você acessar os conteúdos da plataforma.

AKPALÔ
LEITURA E PRODUÇÃO DE TEXTO

Cláudia Miranda
- Mestre em Educação pela Universidade Católica de Petrópolis (UCP)
- Especialista em Teoria da Literatura e em Literatura Comparada pela Universidade Federal de Juiz de Fora (UFJF)
- Licenciada em Letras pela Universidade Federal de Juiz de Fora (UFJF)

Jaciluz Dias
- Doutoranda em Linguística pelo Programa de Pós-Graduação em Linguística da Universidade Federal de Juiz de Fora (UFJF)
- Mestra em Educação pela Universidade Federal de Lavras (UFLA)
- Licenciada em Letras (Licenciatura Plena) pelo Centro de Ensino Superior de Juiz de Fora (PUC Minas)

Ludmila Meireles
- Doutora em Linguística pela Universidade Federal de Juiz de Fora (UFJF) com estágio sanduíche na University of Gothenburg (Suécia)
- Especialista em Ensino de Língua Portuguesa pela Universidade Federal de Juiz de Fora (UFJF)
- Licenciada em Letras (Português e Francês) pela Universidade Federal de Juiz de Fora (UFJF)

Priscila Ramos de Azevedo
- Graduada em Letras pelo Centro Universitário Ibero-Americano (Unibero-SP)
- Professora de Língua Portuguesa do Ensino Fundamental na rede privada de ensino

3.º ANO
Ensino Fundamental
Anos Iniciais

LEITURA E PRODUÇÃO DE TEXTO

AKPALÔ
Palavra de origem africana que significa "contador de histórias, aquele que guarda e transmite a memória do seu povo".

1ª edição
São Paulo, 2021

Editora do Brasil

Dados Internacionais de Catalogação na Publicação (CIP)
(Câmara Brasileira do Livro, SP, Brasil)

Akpalô leitura e produção de texto, 3º ano / Cláudia Miranda ... [et al.]. -- 1. ed. -- São Paulo : Editora do Brasil, 2021. -- (Coleção Akpalô)

Outros autores: Jaciluz Dias, Ludmila Meireles, Priscila Ramos de Azevedo
Bibliografia
ISBN 978-65-5817-030-3 (aluno)
ISBN 978-65-5817-031-0 (professor)

1. Leitura (Ensino fundamental) 2. Português (Ensino fundamental) 3. Textos (Ensino fundamental) I. Miranda, Cláudia. II. Dias, Jaciluz. III. Meireles, Ludmila. IV. Azevedo, Priscila Ramos de. V. Série.

20-50274   CDD-372.6

Índices para catálogo sistemático:
1. Português : Ensino fundamental 372.6
Maria Alice Ferreira - Bibliotecária - CRB-8/7964

Respeite o direito autoral

Rua Conselheiro Nébias, 887
São Paulo, SP – CEP 01203-001
Fone: +55 11 3226-0211
www.editoradobrasil.com.br

© Editora do Brasil S.A., 2021
Todos os direitos reservados

Direção-geral: Vicente Tortamano Avanso

Direção editorial: Felipe Ramos Poletti
Gerência editorial: Erika Caldin
Supervisão de arte: Andrea Melo
Supervisão de diagramação: Abdonildo Santos
Supervisão de revisão: Dora Helena Feres
Supervisão de iconografia: Léo Burgos
Supervisão de digital: Ethel Shuña Queiroz
Supervisão de controle de processos editoriais: Roseli Said
Supervisão de direitos autorais: Marilisa Bertolone Mendes

Supervisão editorial: Selma Corrêa
Assistência editorial: Gabriel Madeira e Olivia Yumi Duarte
Capa: Megalo Design
Imagens de capa: caracterdesign/iStockphoto.com, olga_sweet/iStockphoto.com e Weedezign/iStockphoto.com

Licenciamentos de textos: Cinthya Utiyama, Jennifer Xavier, Paula Harue Tozaki e Renata Garbellini
Controle de processos editoriais: Bruna Alves, Carlos Nunes, Rita Poliane, Terezinha de Fátima Oliveira e Valéria Alves

1ª edição / 2ª impressão, 2023
Impresso no Parque Gráfico da Pifferprint

Concepção, desenvolvimento e produção: Triolet Editorial & Publicações
Direção executiva: Angélica Pizzutto Pozzani
Coordenação editorial: Priscila Cruz
Edição de texto: Adriane Gozzo, Carmen Lucia Ferrari, Claudia Cantarin, Juliana Biscardi, Solange Martins e Thais Ogassawara
Preparação e revisão de texto: Ana Carolina Lima de Jesuz, Ana Paula Chabaribery, Arali Lobo Gomes, Brenda Morais, Celia Carvalho, Daniela Lima Alvares, Daniela Pita, Erika Finati, Gloria Cunha, Helaine Naira, Lara Milani, Marcia Leme, Miriam dos Santos, Renata de Paula Truyts, Renata Tavares, Roseli Batista Folli Simões e Simone Soares Garcia
Coordenação de arte e produção: Daniela Fogaça Salvador
Edição de arte: Ana Onofri, Julia Nakano e Suzana Massini
Ilustradores: Brenda Bossato, Enágio Coelho, Filipe Rocha, Ismar Ingber, Joana Resek e Sandra Lavandeira
Iconografia: Daniela Baraúna

Querido aluno, querida aluna,

Este livro foi escrito pensando em você.

A leitura e a escrita ocupam um lugar muito importante no dia a dia. Por isso, como professoras e autoras desta coleção, tivemos um desafio: escrever um livro que leve você a descobrir essa importância e desperte, cada dia mais, seu gosto pela leitura e pela escrita.

Então, pesquisamos textos em estilos e linguagens diversos que consideramos interessantes e podem despertar seu interesse por assuntos que merecem atenção.

Você vai ler, escrever e produzir textos escritos, orais e multimodais de uma grande variedade de gêneros. Afinal, vivemos cercados pelos diferentes usos que as pessoas fazem da língua e das diversas manifestações da linguagem.

Enfim, acreditamos que, aprendendo a nos comunicar por meio dos recursos a nossa disposição, poderemos entender melhor o mundo em que vivemos e, também, interagir mais plenamente com tudo o que está ao nosso redor.

Boas leituras!

Um abraço,
As autoras

Sumário

UNIDADE 1
A escrita pessoal 6

Texto 1 – *Diário da Julieta* 8
- Interagindo com o diário pessoal 9

Texto 2 – *Carta a João Pedro* 11
- Interagindo com a carta pessoal 13
- Intervalo – Substantivo e uso de letra maiúscula 16

- Oficina de produção – Carta pessoal 18
- Conheça 19

UNIDADE 2
Dia de bolo 20

Texto 1 – *Bolo de banana e nozes* 22
- Interagindo com a receita culinária 24

Texto 2 – *Esperando visita* 27
- Interagindo com o poema 28
- Intervalo – Função do substantivo, do adjetivo e do verbo 30

- Oficina de produção – Receita culinária escrita 32
- Vídeo de receita culinária 34
- Conheça 35

UNIDADE 3
Iguais e diferentes 36

Texto 1 – *Sem palavras* 38
- Interagindo com a história em quadrinhos 41

Texto 2 – *Estudantes criam mapa para colegas com deficiência visual* 44
- Interagindo com a notícia 45
- Intervalo – Relações de concordância 48

- Oficina de produção – Notícia 50
- Telejornal 51
- Conheça 51

UNIDADE 4
Contos e recontos 52

Texto 1 – *O patinho feio* 54
- Interagindo com o conto de fadas 58

Texto 2 – *O patinho bonito* 60
- Interagindo com o conto de fadas parodiado 63
- Intervalo – Discurso direto e discurso indireto 66

- Oficina de produção – Desfecho de uma paródia 68
- Contação de histórias 71
- Conheça 71

Sandra Lavandeira

UNIDADE 5
Um conto e um canto 72

Texto 1 – *A incrível história do menino que não queria cortar o cabelo* 74
- Interagindo com o conto 77

Texto 2 – *Pego leve* 79
- Interagindo com a letra de canção 80
- Intervalo – Linguagem poética 82
- Oficina de produção – Letra de canção 84
- Conheça 87

UNIDADE 6
Por dentro da comunicação 88

Texto 1 – *Ai, que fedor!* 90
- Interagindo com o texto de divulgação científica 93

Texto 2 – *Fala aqui!* 95
- Interagindo com a carta de leitor 96
- Intervalo – Uso de adjetivos 98
- Oficina de produção – Carta de leitor 100
- Conheça 101

UNIDADE 7
Andar em segurança 102

Texto 1 – *Me ouça* 104
- Interagindo com a campanha educativa 105

Texto 2 – *A bolsa, a bolsinha e a bolsona* 108
- Interagindo com o conto 110
- Intervalo – Formação de palavras 112
- Oficina de produção – Campanha educativa 114
- Conheça 115

UNIDADE 8
No mundo da ciência 116

Texto 1 – *Vamos criar um minivulcão submarino?* 118
- Interagindo com a experiência científica 119

Texto 2 – *Cromatografia em papel* 121
- Interagindo com o relatório de experimento 123
- Intervalo – Imperativo e formação de palavras 125
- Oficina de produção – Relatório de experimento 126
- Conheça 127

Bibliografia 128

UNIDADE 1
A escrita pessoal

O que você vai estudar?
Gêneros
- Diário pessoal
- Carta pessoal

Intervalo
- Substantivo e uso de letra maiúscula

O que você vai produzir?
Oficina de produção
- Carta pessoal (escrita)

Texto 1

Antes de ler

1. Você gosta de compartilhar seus segredos com alguém?
2. Você tem um diário ou conhece alguém que tenha um?
3. Você acha que o texto a seguir pertence a um diário? Por quê?

Diário da Julieta

10 outubro

Companheiríssimo Diário,

Hoje foi aniversário do meu querido Romeu. Ele fez 3 anos. Fiquei lembrando tanta coisa... Quando o Romeu chegou em casa, era deste tamanhinho. Ele dormia na minha cama, enroladinho nos meus cabelos, para ficar quentinho. Quem escolheu o nome foi o papai. Ele disse que eu gostava tanto do gatinho que ele só podia ter esse nome. Depois fui descobrir que Romeu e Julieta são personagens da maior história de amor já escrita, uma peça de teatro do Shakespeare (ih! Será que é assim que se escreve?)

Eu sei que ele não é um gato de raça, mas aquela manchinha no olho é um charme!

Ziraldo. *Diário da Julieta: as histórias mais secretas da Menina Maluquinha.* São Paulo: Globo, 2006. p. 90.

Quem é o autor?

Ziraldo Alves Pinto nasceu em Caratinga, Minas Gerais, no dia 24 de outubro de 1932. Seu nome é a junção dos nomes da mãe e do pai – Zizinha e Geraldo. Cartunista, desenhista, jornalista, cronista, chargista, pintor e dramaturgo, Ziraldo é também o criador do personagem infantil Menino Maluquinho.

Interagindo com o diário pessoal

1 Responda.

a) Quem escreveu o diário? Quando o texto foi escrito?

b) Por que precisamos colocar data em um diário?

c) Qual foi o principal acontecimento desse dia? Que outros acontecimentos foram relatados?

> O **diário pessoal** costuma apresentar data, saudação, corpo do texto e, às vezes, despedida e assinatura. Geralmente, escrevemos como se conversássemos com um amigo e relatamos acontecimentos do dia e sentimentos, emoções, opiniões ou críticas.

2 Releia a saudação do diário: "Companheiríssimo Diário".

a) O que significa a palavra **companheiríssimo**?

b) Por que a palavra **diário** foi escrita com letra inicial maiúscula?

3 Sobre o gato da personagem, responda.

   a) Qual é o nome dele? Quem escolheu esse nome?

   b) Por que esse nome foi escolhido para o gato?

4 Responda.

   a) Em que trecho do texto a personagem faz uma pergunta?

   _____

   b) Qual parece ser a intenção da personagem ao fazer essa pergunta?

   _____

   _____

5 Em que tempo verbal o texto do diário foi escrito?

_____

6 Observe, ao lado, os recursos visuais que a personagem utilizou para se referir ao gato.

   a) O que ela desenhou e colou na página do diário?

   _____

   _____

   b) O que significa a palavra **bichano**?

   _____

7 Que tipo de letra a personagem utilizou para escrever o texto?

_____

> No **diário pessoal** o texto é escrito em primeira pessoa, em linguagem informal, e é confidencial. Quem escreve relata não só o que lhe acontece, mas também o que sente e como sente.

Texto 2

Antes de ler

1. Você acha que o texto a seguir é uma carta? Por quê?
2. Por qual motivo se escreve uma carta a alguém?

Carta a João Pedro

Paulinho Assunção

João Pedro:

Agora que você fez dez anos, pode ficar com a minha caixa mágica.

Ela está debaixo da cama que eu usava aí na casa da nossa vó.

A chave do cadeado está no cantinho da gaveta onde eu guardava os meus cadernos.

Dentro da caixa você vai encontrar:

1. Um carretel com linha de *nylon*;
2. Um canivete que eu ganhei do pai;
3. Uma caixinha de clipes;
4. Um alicate que eu ganhei do tio Jacinto;
5. Um envelope com 11 figurinhas da seleção de 70;
6. Um boné amarelo;
7. Um relógio desmontado;
8. Um livro de matemática;
9. Um saquinho com 50 bolinhas de gude;
10. Um pião;
11. Um bilboquê;
12. Um rolinho de arame de cobre;
13. Um estilingue arrebentado;
14. Um chocalho de cascavel;
15. Um chaveiro pé de coelho;

16. Um vidrinho de nanquim;
17. Dois pincéis;
18. Um radinho de pilha quebrado;
19. Um serrotinho de brinquedo;
20. Um vidro com três borboletas amarelas;
21. Uma pena de rabo de papagaio;
22. Uma pedra de cristal;
23. E acho que esqueci o resto.

Pode ficar com a caixa, João Pedro.
E cuida bem dela, tá?
Eu já comecei a falar algumas palavras em inglês.
Estou gostando daqui, mas ainda sinto muitas saudades daí.
Na semana passada nevou.
Tudo ficou branco.
Pus um pouco de neve na boca.
Engraçado, a neve tem gosto de nada.
Meu pai trabalha de motorista, minha mãe achou emprego no hospital.
Tem um time de futebol aqui só de brasileiros.
O ponta-direita deles não é bom e acho que eu tenho chances no time.
Espero notícias de todos. Bye.
Abraços do primo,
João Vicente

Paulinho Assunção. Carta a João Pedro. Em: *Bilhetes viajantes*. Belo Horizonte: Dimensão, 2012. p. 56-57.

Quem é o autor?

Paulinho Assunção é um poeta, escritor e jornalista brasileiro. Morou na Argentina, no Peru e nos Estados Unidos. Atualmente, vive em Belo Horizonte e dedica-se à escrita, ao trabalho de redator e revisor de textos e à produção de livros artesanais – pequenos livros feitos à mão com instrumentos rudimentares, mesclando prosa e poesia. O autor mantém um *blog* em que alguns de seus textos podem ser lidos.

Interagindo com a carta pessoal

1 Leia os verbetes a seguir.

> **destinar** des.ti.**nar**
> *verbo*
> Escolher para determinado fim ou destino: *O governo destinou-o como embaixador; Destinei esta carta a meu pai.*

Saraiva Júnior. *Dicionário da Língua Portuguesa ilustrado*. 3. ed. São Paulo: Saraiva, 2009. p. 159.

> **remeter** re.me.**ter**
> *verbo*
> Mandar, enviar: *Remeteu o livro pelo correio.*

Saraiva Júnior. *Dicionário da Língua Portuguesa ilustrado.* 3. ed. São Paulo: Saraiva, 2009. p. 425.

a) Considerando as definições, associe a primeira coluna à segunda.

[1] Destinatário   [ ] Pessoa que escreve e envia uma correspondência.

[2] Remetente   [ ] Pessoa a quem se destina uma correspondência.

b) Quem são o destinatário e o remetente da carta?

2 Por qual motivo João Vicente escreve uma **carta pessoal** a João Pedro?

_____

_____

> O gênero **carta pessoal** é utilizado para estabelecer a comunicação entre um remetente e um destinatário, que muitas vezes estão distantes um do outro. As cartas pessoais geralmente são usadas entre amigos ou familiares e tratam de assuntos comuns do dia a dia.

3 Leia o boxe.

> A **estrutura** da **carta pessoal** é formada pelas partes a seguir:
> - **Introdução:** indica o local e a data em que o remetente escreve a carta.
> - **Saudação** ao destinatário.
> - **Corpo da carta:** parte que contém o assunto e o desenvolvimento.
> - **Despedida**.
> - **Assinatura** do remetente.

a) No texto "Carta a João Pedro" faltam dois elementos da estrutura da carta. Quais são eles?

_____

b) Relacione a primeira coluna à segunda.

Elementos da carta	Exemplos do texto
1 Saudação	☐ "Abraços do primo,"
2 Corpo da carta	☐ "João Vicente"
3 Despedida	☐ "João Pedro:"
4 Assinatura	☐ "Pode ficar com a caixa, João Pedro."

4 João Vicente e João Pedro são primos. Por isso, é comum que a linguagem usada entre eles seja informal.

- Sublinhe no texto um exemplo do **registro informal**.

> O **registro informal** é usado em situações descontraídas ou quando os interlocutores têm proximidade. Já o registro formal é empregado em ocasiões de maior seriedade ou quando os interlocutores não têm intimidade.

5 Releia o trecho a seguir.

> João Pedro:

- O sinal de dois-pontos, nesse trecho, poderia ser substituído, sem alterar o sentido, por:

  ☐ João Pedro, ☐ João Pedro.

  ☐ João Pedro? ☐ João Pedro...

6 No corpo da carta, João Vicente apresenta uma lista.

a) Qual é o objetivo dessa lista?
_____
_____

b) Por que os itens de 1 a 22 terminam em ponto e vírgula e o item 23 em ponto final?
_____
_____

7 Releia este trecho: "Espero notícias de todos. Bye".

a) Você sabe o que significa **bye**?
_____

b) Levante hipóteses: Por que João Vicente usa um termo do inglês em vez de uma expressão em português para se despedir?
_____
_____
_____
_____

Substantivo e uso de letra maiúscula

1 Observe a capa do livro.

a) Responda ao que se pede:

- Nome do livro: _____
- Nome do autor: _____
- Nome do ilustrador: _____
- Nome da editora: _____

b) Esses nomes são substantivos comuns ou substantivos próprios?
_____

c) Por que esses nomes são escritos com letra inicial maiúscula?

2 Que tal um desafio? Você vai ler um trecho de um diário escrito pela personagem Juliana que faz parte do livro *Silêncio de filha*, de Jonas Ribeiro. Ju chama o diário dela de "Psiu!", mas ele foi escrito abaixo sem algumas palavras... Para entender o texto, complete-o com as palavras do boxe. Atenção para o uso de letras minúsculas e maiúsculas.

> A – FLÁVIA – CONTOU – NO – LUCAS – ADOREI –NO – VOLTAR– VOU – ATÉ – ELA – JOÃO – É – NÃO

Psiu!,

_____ domingo, meu pai e o _____ quiseram ir outra vez ao circo. Não sei que tanta graça o João vê no circo. Ir uma vez, tudo bem. Agora, ir quatro vezes ao mesmo circo é demais. Bem, eu tinha outros planos para o domingo. Fui ver o fofinho do _____ outra vez. _____ apertar seus pezinhos. Parecem dois pezinhos de leite. Finalmente conheci o quarto dele. Que graça!!! _____ Tia _____ fez a decoração do quarto do Lucas com aviões. _____ parei para contar, mas deve haver uns duzentos. _____ teto, no móbile, na cômoda, nas estantes, no papel de parece, nas estampas da fronha, do lençol. A Tia Flávia pensou em tudo. _____ -me que quando a Sofia nasceu, enfeitou o quarto dela com corujas. [...]

_____ a ver o Lucas foi demais, até andei pensando na minha mãe. _____ também me amamentou, arrumou meu primeiro quarto e precisou providenciar centenas de cuidados para eu crescer saudável. _____ divertido pensar que, antes de nascer, morei nove meses dentro da barriga quentinha e acolhedora da minha mãe. [...]

_____ parar por aqui, está dando um tremendo sono, ainda bem que já escovei os dentes. _____ outra hora...

Beijos com bocejos,
Ju

Jonas Ribeiro. *Silêncio de filha*. São Paulo: Editora do Brasil, 2016. p. 16-17.

Oficina de produção

Carta pessoal

Nesta unidade você leu a carta escrita pelo personagem João Vicente. Agora é sua vez de escrever uma carta. Para quem? Isso você só vai saber mais adiante, porque este é um **correio secreto**. Vamos lá?

RECORDAR

1. O mapa mental a seguir apresenta as principais características de uma carta pessoal. Complete as lacunas do mapa com as opções abaixo.

assunto	comunicação	data	destinatário
encerramento	formalidade	relatos	remetente

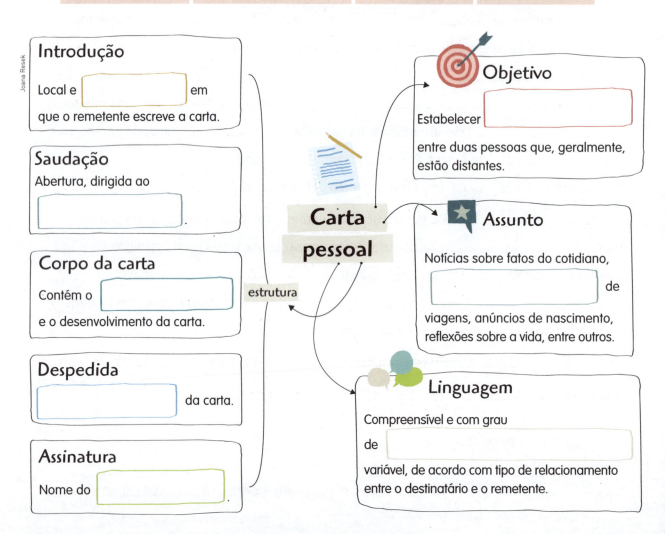

PLANEJAR

2. Que tal escrever uma carta para um colega da turma? O professor sorteará os nomes dos destinatários, organizando um correio secreto, de modo que eles não fiquem sabendo de quem vão receber a carta.

PRODUZIR

3. Pense no que gostaria de falar com o destinatário de sua carta e escreva o rascunho em uma folha avulsa. Preste atenção à linguagem utilizada, que pode ser informal e conter marcas de oralidade.

REVISAR

4. De acordo com as orientações do professor, revise o texto e verifique se:
- foram indicados o local e a data em que a carta foi escrita, a saudação inicial e o nome do destinatário;
- a mensagem e a linguagem utilizadas estão adequadas;
- a carta está assinada.

5. Observe se as frases estão claras e se o destinatário entenderá o que você quis dizer.

COMPARTILHAR

6. Com os colegas e o professor, monte uma caixa de correio e deposite a carta nela.

Conheça

Livro
- *Entre tantos*, de Marcelo Cipis. São Paulo: Editora do Brasil, 2017. De modo divertido, o livro aborda as relações interpessoais e a proximidade nas ligações sociais por meio de temas universais como família e amizade. O mundo pode parecer enorme, mas também parece muito pequeno às vezes.

Sites
- *Blog* do Paulinho Assunção. O *blog* contém textos escritos pelo autor, além de informações sobre suas publicações. Disponível em: http://paulinhoassuncao.blogspot.com. Acesso em: 27 jan. 2020.
- *E se... poadcast. Site* criado por duas crianças e seus familiares com curiosidades e histórias. Disponível em: http://www.esepodcast.com.br. Acesso em: 27 jan. 2020.

O que você vai estudar?
Gêneros
- Receita culinária
- Poema

Intervalo
- Função do substantivo, do adjetivo e do verbo

O que você vai produzir?
Oficina de produção
- Receita culinária escrita
- Vídeo de receita culinária

Antes de ler

1. Observe o texto a seguir. Como são chamados textos como esse?
2. Qual é o objetivo principal de textos como esse?

Bolo de banana e nozes

[...]

Rendimento: 12 pedaços

Ingredientes

- 2 ovos
- 3 bananas-nanicas maduras
- $1\frac{1}{3}$ de xícara de chá de açúcar
- 3 colheres de sopa cheias de margarina
- 1 colher de chá de essência de baunilha
- $1\frac{1}{2}$ xícara de chá de farinha de trigo
- 1 colher de chá de bicarbonato de sódio
- 1 colher de chá de fermento em pó
- 1 pitada de sal
- $\frac{1}{2}$ xícara de chá de nozes picadas
- margarina para untar
- farinha de trigo para polvilhar
- 1 colher de sobremesa de canela para polvilhar
- 1 colher de sopa de açúcar para polvilhar

Você vai precisar da ajuda de um adulto para cortar os alimentos, derreter a margarina e usar o micro-ondas e o forno.

Utensílios

Xícara de chá, colher de sopa, garfo, colher de bater bolo, colher de chá, colher de sobremesa, faca sem ponta, jarra de vidro refratário pequena, 2 tigelas grandes, peneira, batedor manual, 2 formas para bolo inglês ou 1 assadeira grande e luvas térmicas.

Ilustrações: Sandra Lavandeira

Como fazer

1. Lave os ovos em água corrente e quebre-os, um de cada vez, em uma xícara. Reserve.

2. Lave as bananas em água corrente e descasque.

3. Coloque-as em uma tigela e amasse-as com o açúcar, utilizando o garfo.

4. Coloque 3 colheres de sopa de margarina na jarra de vidro refratário e leve ao micro-ondas por 50 segundos em potência alta para derreter.

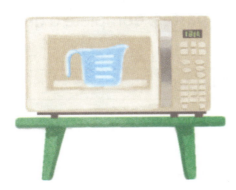

5. Com o batedor manual, bata a mistura de bananas com a margarina derretida, a essência de baunilha e os ovos.

6. Na outra tigela, peneire a farinha, o bicarbonato, o fermento e o sal.

Adicione os ingredientes peneirados à mistura de bananas e acrescente também as nozes. Misture bem com a colher de bater bolo.

7. Ligue o forno e deixe aquecendo em temperatura média.

8. Unte 2 fôrmas de bolo inglês ou uma assadeira grande com margarina e polvilhe com farinha.

9. Despeje a massa nas fôrmas e leve-as ao forno por aproximadamente 50 minutos.

10. Tire as fôrmas do forno e espere esfriar. Retire o bolo das fôrmas e polvilhe com canela e açúcar previamente misturados. Está pronto para servir!

Lanches para toda hora com a turma do Sítio do Picapau Amarelo. São Paulo: Companhia Editora Nacional, 2007. p. 26-27. (Coleção Dona Benta: comer bem).

Interagindo com a receita culinária

1 Onde a **receita** foi publicada?

_____
_____

2 Em que outros lugares são publicadas receitas?

_____
_____

3 A receita que você leu é dividida em quatro **partes**. Complete o quadro a seguir.

Partes da receita	Função

> As **receitas** apresentam título e pelo menos duas **partes** principais: **ingredientes** e **modo de fazer**. Pode haver outras partes, por exemplo, uma seção que indique os utensílios a serem usados.

4 Releia o título do texto e responda: Qual é o critério usado para a escolha do título de uma receita?

_____

_____

> O gênero **receita culinária** tem por objetivo instruir alguém a preparar um alimento. Por isso, a linguagem nesses textos é simples e objetiva.

5 Para cada ficha colorida há outra sem cor que completa seu sentido. Pinte-as com a mesma cor.

faca   colher   de sopa   térmicas
    luvas   manual
jarra   batedor   de vidro   sem ponta

6 Releia este trecho do "Como fazer" do "Bolo de banana e nozes".

[...]
2. Lave as bananas em água corrente e descasque.
3. Coloque-as em uma tigela e amasse-as com o açúcar, utilizando o garfo.
4. Coloque 3 colheres de sopa de margarina na jarra de vidro refratário e leve ao micro-ondas por 50 segundos em potência alta para derreter.
[...]

a) Por que as instruções são numeradas?

_____

_____

b) Se o leitor, ao preparar o bolo, resolvesse não seguir a numeração proposta, ocorreria algum problema? Por quê?

c) Na parte "Como fazer", há algumas imagens. Qual é a principal função delas no texto?

- ☐ Deixar o texto mais bonito.
- ☐ Convencer o leitor a fazer algo.
- ☐ Preencher espaços em branco.
- ☐ Ajudar na compreensão da instrução.

7 Considere o trecho citado na questão anterior e faça as atividades.

a) O verbo "Lave" está no modo imperativo. Encontre outros dois verbos nessa mesma forma verbal.

_____

_____

b) O modo imperativo expressa ideia de:

- ☐ dúvida.
- ☐ orientação.
- ☐ ação já concluída.
- ☐ ação que não ocorrerá.

c) Agora considere que a instrução 2 foi reescrita da seguinte forma:

> 2. **Lavar** as bananas em água corrente e **descascar**.

- A mudança do imperativo para o infinitivo é adequada? Justifique sua resposta.

_____

_____

> Na parte da receita onde se ensina como preparar o prato, os verbos são empregados no **modo imperativo** ou no **modo infinitivo**.

Texto 2

Antes de ler

1. Leia o título do texto a seguir. Pelo título, qual parece ser o assunto do texto?
2. Observe a forma como o texto está distribuído na página. Você sabe que texto é esse?

Esperando visita

Roseana Murray

1 copo e meio de açúcar
3 copos de farinha
1 copo de chocolate
1 colher de sopa de pó Royal
$\frac{3}{4}$ de copo de óleo de soja
3 ovos inteiros
$\frac{3}{4}$ de copo de água fervendo

Vamos fazer um bolo
para perfumar a casa
para perfumar a tarde
para perfumar a boca
para receber visitas.

Misture tudo numa vasilha
do jeito que for
e mais uma pitada de amor,
algum segredo encantado,

um chamado para alguém
que se queira ver.

Depois do bolo assado
é só sentar,
se concentrar,
que a visita
já vai chegar.

Roseana Murray. *Casas*. 9. ed. São Paulo: Formato, 2009. p. 9.

Quem é a autora?

Roseana Murray nasceu na cidade do Rio de Janeiro (RJ), em 27 de dezembro de 1950. É poetisa e escritora brasileira de obras infantojuvenis. Começou a escrever poesia para crianças em 1980, tem cerca de 100 livros publicados e já recebeu vários prêmios.

Interagindo com o poema

1 Quem escreveu o poema "Esperando visita"? Onde esse texto foi publicado?

_____

_____

2 Quanto à estrutura do texto, marque **X** nas características corretas.

☐ O texto é escrito em parágrafos.

☐ O texto é escrito em versos.

☐ O texto lembra uma receita culinária.

3 No poema "Esperando visita":

a) há quantos **versos**? Quantas **estrofes**?

_____

b) há a mesma quantidade de versos por estrofe?

_____

_____

_____

> O **poema** é um texto escrito em **versos**. O verso corresponde a apenas uma linha. O agrupamento de versos forma uma **estrofe**.

4 Releia a primeira estrofe do poema, em que constam os ingredientes da receita de bolo.

a) Que palavra refere-se a uma marca de produto?

_____

b) De que outra maneira esse ingrediente da receita poderia ser indicado?

_____

c) Circule a figura que representa $\frac{3}{4}$ de um copo de óleo.

5 Copie um verso do poema em que o verbo esteja no modo imperativo.

_____

6 Releia a segunda estrofe do poema. Você também acha que um bolo perfuma a casa? Por quê?

_____

_____

_____

7 Releia a última estrofe do poema. Quais rimas podem ser identificadas nela?

_____

A repetição de sons idênticos ou parecidos na última sílaba das palavras chama-se **rima**.

8 Marque **X** na frase em que a palavra **visita** tem o mesmo sentido utilizado no poema.

☐ Preparamos um bolo de chocolate para a **visita** à casa da vovó.

☐ Vovó recebeu a **visita** com bolo de chocolate.

Função do substantivo, do adjetivo e do verbo

1 Releia a seguir trechos de "Bolo de banana e nozes". Classifique as palavras destacadas de acordo com a legenda.

I. substantivo   II. adjetivo   III. verbo

☐ "Você vai precisar da ajuda de um adulto para **cortar** os alimentos, **derreter** a margarina e **usar** o micro-ondas e o forno."

☐ "**Xícara** de chá, **colher** de sopa, garfo, **colher** de bater bolo, **colher** de chá, **colher** de sobremesa, **faca** sem ponta [...]"

☐ "[...] jarra de vidro refratário **pequena**, 2 tigelas **grandes**, peneira, batedor **manual**, 2 formas para bolo **inglês** ou 1 assadeira **grande** e luvas **térmicas**."

2 Observe a função das palavras destacadas na atividade anterior.

a) Quais palavras dão nome a objetos? Quais se referem a ações?

_____

_____

b) Quais palavras indicam características dos substantivos a que se referem?

_____

_____

- **Substantivo**: tem a função de nomear seres. Exemplos: **Ana Maria, Colégio Degrau, bolo.**
- **Adjetivo**: indica qualidade ou característica; acompanha os substantivos que caracteriza. Exemplos: bolo **enorme**, receita **fácil**.
- **Verbo**: indica ação, estado ou fenômeno da natureza. Exemplos: **cortamos** o bolo, **choveu**, **está** fácil.

3 Leia e compare.

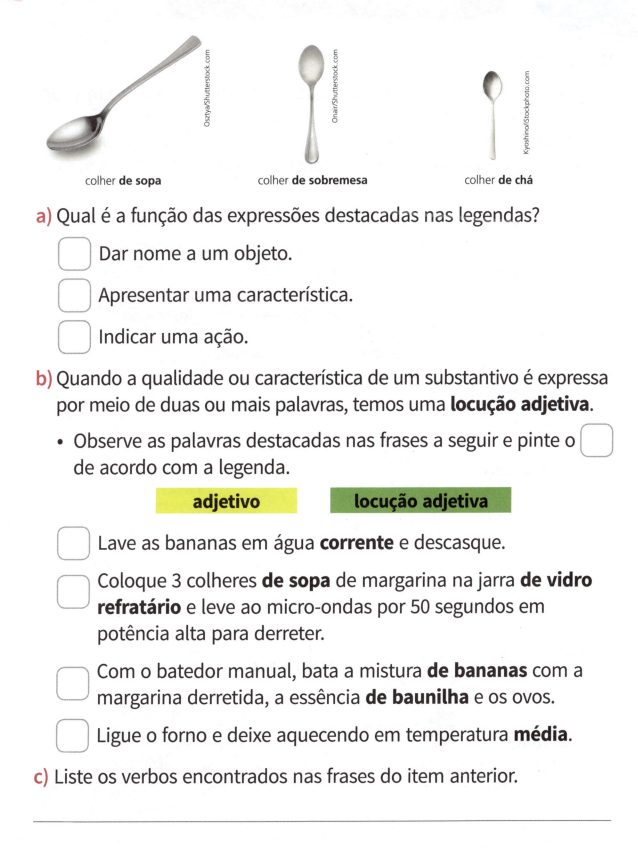

colher **de sopa**   colher **de sobremesa**   colher **de chá**

a) Qual é a função das expressões destacadas nas legendas?

☐ Dar nome a um objeto.

☐ Apresentar uma característica.

☐ Indicar uma ação.

b) Quando a qualidade ou característica de um substantivo é expressa por meio de duas ou mais palavras, temos uma **locução adjetiva**.

- Observe as palavras destacadas nas frases a seguir e pinte o ☐ de acordo com a legenda.

    adjetivo   **locução adjetiva**

☐ Lave as bananas em água **corrente** e descasque.

☐ Coloque 3 colheres **de sopa** de margarina na jarra **de vidro refratário** e leve ao micro-ondas por 50 segundos em potência alta para derreter.

☐ Com o batedor manual, bata a mistura **de bananas** com a margarina derretida, a essência **de baunilha** e os ovos.

☐ Ligue o forno e deixe aquecendo em temperatura **média**.

c) Liste os verbos encontrados nas frases do item anterior.

_____

_____

Oficina de produção

Receita culinária escrita

Que tal preparar um lanche gostoso em sala de aula? Em grupos, vocês vão pesquisar receitas e testar uma delas. Em seguida, organizarão um livro de receitas com opções de lanches saudáveis. Por fim, gravarão vídeos com as receitas produzidas para o livro.

RECORDAR

1. O mapa metal a seguir apresenta as principais características de uma receita culinária. Complete as lacunas com as opções abaixo.

   preparo   Ingredientes   instrução
      objetiva   preparar

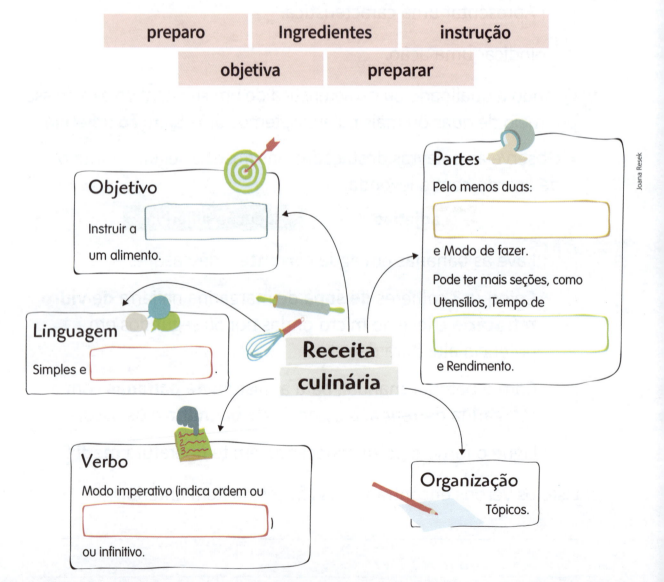

PLANEJAR

2. Reúna-se em grupo com dois ou três colegas. Cada grupo deve escolher a receita que vai produzir para compor o Livro de Receitas.
   - Conversem com pessoas conhecidas e peçam-lhes dicas sobre receitas saudáveis que possam ser preparadas na escola por vocês.
   - Pesquisem também em livros, revistas, embalagens de produtos e *sites*. Busquem na internet vídeos de programas de culinária.

PRODUZIR

3. Leiam as receitas pesquisadas para os colegas de outro grupo e ouçam as que eles reuniram. Juntos, escolham pelo menos uma receita de cada integrante do grupo para fazer parte do livro. Façam ilustrações ao lado das orientações de preparo.

REVISAR

4. Antes de entregar a receita ao professor, cada grupo deve avaliar seu texto. Verifiquem se:
   - a receita tem título e subtítulos que indiquem os ingredientes e o modo de fazer;
   - há correções a serem feitas no texto, como em relação à acentuação gráfica de palavras, à concordância ou ao uso da letra maiúscula;
   - foram feitas ilustrações para auxiliar na compreensão do passo a passo.
5. Realizem as modificações necessárias no texto e entreguem-no ao professor. Ele poderá sugerir outras alterações.

COMPARTILHAR

6. Para reunir as receitas e criar um livro, juntem as folhas.
   - Preparem uma capa com o título do livro e uma ilustração.
   - Na página 1, depois da capa, coloquem o nome dos integrantes do grupo. Não escrevam no verso!
   - Na página 3, façam o sumário: uma lista com todos os títulos das receitas e o número da página onde elas se encontram.
   - A partir da página 5, numerem as páginas das receitas. Com a ajuda do professor, grampeiem as páginas para formar o livro.

Vídeo de receita culinária

Agora é hora de você utilizar o que aprendeu produzindo um vídeo de receita culinária.

CONHECER

1. Assista ao vídeo "Bolacha ou biscoito de banana e aveia", do programa de culinária infantil Ticolicos (disponível em: https://www.youtube.com/watch?v=ABcW49K0Smo, acesso em: 3 fev. 2020).

- Como os ingredientes da receita são apresentados no vídeo?

_____

- Por que as imagens são importantes para que o espectador aprenda a fazer a receita?

_____

PLANEJAR

2. Com o mesmo grupo da produção anterior, retomem uma das receitas publicadas no livro da turma.
3. Definam quem vai para a frente da câmera e quem vai filmar. Vocês também podem utilizar um suporte (tripé) para a câmera (ou celular), para que todos possam aparecer no vídeo.
4. Separem os materiais necessários tanto para a receita quanto para a gravação e ensaiem o passo a passo da receita com antecedência.
5. Procurem espaços silenciosos e bem iluminados para a gravação.

PRODUZIR

6. Organizem-se para iniciar a gravação. Lembrem-se de que, no vídeo, devem constar, pelo menos:
    - a lista de ingredientes ou a imagem de cada um deles, com a indicação da quantidade;
    - os utensílios de cozinha que serão utilizados;
    - as instruções detalhadas sobre como fazer;
    - informações complementares necessárias para a completa compreensão da receita.

7. Mostrem à câmera cada ingrediente da receita e expliquem o passo a passo, utilizando linguagem compreensível, de modo que qualquer espectador consiga entender a receita.

REVISAR

8. Peçam aos colegas de outro grupo que assistam ao vídeo de vocês e avaliem se:
    - as instruções estão bem explicadas e todos os ingredientes foram apresentados;
    - o vídeo foi gravado em um ambiente silencioso e bem iluminado;
    - as imagens ilustram bem o passo a passo da receita.

9. Façam os ajustes necessários no vídeo antes de compartilhá-lo.

COMPARTILHAR

10. Compartilhem os vídeos em uma plataforma digital para que muitas pessoas possam aprender a cozinhar com vocês.

Conheça

Sites e blog

Os *sites* e o *blog* a seguir contêm receitas que podem ser atraentes para crianças e que devem ser feitas com o auxílio de um adulto.
- **Pequenada – miúdos a crescer, pais a aprender!:** *site* com receitas para crianças e outros temas. Disponível em: https://pequenada.com/receitas-para-criancas. Acesso em: 2 fev. 2020.
- **Nhac GNT – receitas para crianças.** Disponível em: http://gnt.globo.com/assunto/receitas-para-criancas.html. Acesso em: 2 fev. 2020.
- **Cheftime:** *blog* de receitas. Disponível em: http://blog.cheftime.com.br/aprender/receitas-para-criancas-aprenderem-a-cozinhar/. Acesso em: 2 fev. 2020.

UNIDADE 3
Iguais e diferentes

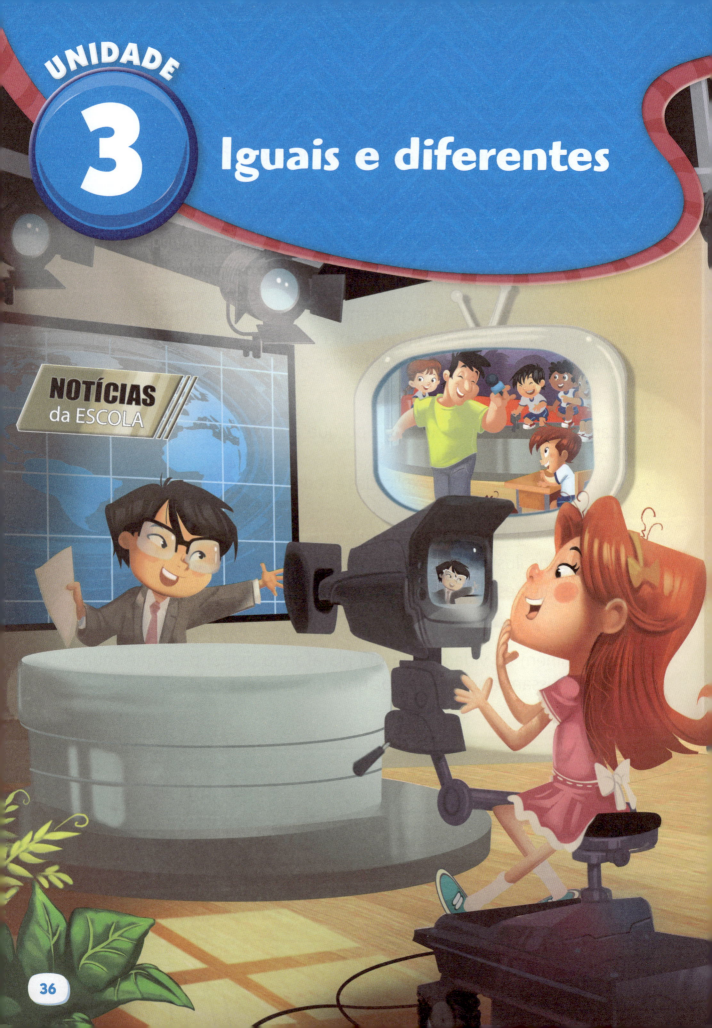

O que você vai estudar?
Gêneros
- História em quadrinhos
- Notícia

Intervalo
- Relações de concordância

O que você vai produzir?
Oficina de produção
- Notícia
- Telejornal

Antes de ler

1. Como são chamados textos como esse?
2. O personagem Humberto faz parte da Turma da Mônica. O que você sabe sobre ele?

Mauricio de Sousa. *Cascão*: brincadeiras. São Paulo: Globo, 2003.

Quem é o autor?

Mauricio de Sousa nasceu em Santa Isabel, no estado de São Paulo, em 1935. Desde pequeno já gostava de desenhar e criar personagens. Antes de iniciar a carreira de quadrinista, trabalhou como repórter policial do jornal *Folha da Manhã*. Foi o primeiro artista brasileiro de quadrinhos a conquistar sucesso nacional e internacional.

Interagindo com a história em quadrinhos

1 Quem é o autor dessa história em quadrinhos? E quem é o personagem principal?

_____

_____

2 Como você pode explicar o título da história?

_____

_____

3 Leia novamente esta parte da história.

a) O que aconteceu no primeiro quadrinho?

_____

b) O que ajudou você a responder à questão anterior?

_____

_____

c) O que aconteceu nos últimos quadrinhos? Por que há balões vazios?

d) O que é possível perceber nos balões de fala de Humberto de um quadrinho para o outro?

e) No último quadrinho, como Humberto parece se sentir? Por quê?

f) Que recursos o autor usou para narrar a história? Somente imagens, imagens e palavras ou somente palavras?

> A **história em quadrinhos** (**HQ**) é um texto narrativo porque conta uma história. A narração pode ser feita por meio de imagens ou de imagens e palavras. A fala de personagens geralmente é colocada em balões. Na narrativa, são utilizados recursos gráfico-visuais e onomatopeias.

4 Observe novamente estes quadrinhos:

a) Que mudança temporal ocorreu de um quadrinho para o outro?

b) Que mudança ocorreu nas expressões corporal e facial do personagem?

c) De acordo com a história, por que Humberto está assim?

_____

_____

_____

5 Observe o último quadrinho da história.

a) Como o personagem está se sentindo? O que você observou para responder?

_____

_____

_____

_____

b) Como os amigos de Humberto poderiam ajudá-lo?

_____

_____

_____

6 Humberto é um personagem inspirado em pessoas mudas.

a) Você conhece uma pessoa muda? Como é sua atitude com ela?

b) Se não conhece ninguém mudo, como acha que seria sua atitude com alguém nessa condição?

Antes de ler

1. Leia o título do texto a seguir. De que assunto ele trata?
2. Observe a forma de organização do texto e leia os dados da fonte. Que tipo de texto você acha que vai ler agora?

https://jornaljoca.com.br/portal/estudantes-criam-mapa-para-colegas-com-deficiencia-visual/

Estudantes criam mapa para colegas com deficiência visual

Usando retalhos de tecidos, papel camurça, cola 3D e folhas de E.V.A., o mapa possibilita que os alunos reconheçam onde há terra, onde está o mar e onde tem vegetação.

Dois alunos do ensino médio de uma escola estadual de Irecê, na Bahia, criaram um mapa do Brasil com diferentes texturas a fim de ajudar os colegas com deficiência visual.

Motivados pela falta de material adaptado, Eduardo Souza e Laíse dos Sales desenvolveram um **mapa tátil** para facilitar o entendimento das regiões geográficas.

A ideia partiu de Eduardo, que quis entender melhor como era dar aulas para o colega de sala Frailan, cego. Então, ele se juntou à Laíse, que tem pai com deficiência visual, e ambos passaram a explorar as dificuldades e fazer pesquisas sobre ensino inclusivo.

O mapa foi confeccionado com retalhos de tecidos, papel camurça, cola 3D, folhas de E.V.A. e, as legendas, aplicadas em braile. Com as aplicações, o mapa possibilita que os alunos reconheçam onde há terra, onde está o mar e onde tem vegetação.

"Nosso objetivo é proporcionar uma ferramenta para que as pessoas com deficiência visual possam aprender os assuntos relacionados às regiões do Brasil", disse Eduardo ao *site Porvir*. [...]

Estudantes criam mapa para colegas com deficiência visual. *Jornal Joca*, São Paulo, 11 out. 2017. Disponível em: https://jornaljoca.com.br/portal/estudantes-criam-mapa-para-colegas-com-deficiencia-visual/. Acesso em: 4 fev. 2020.

Interagindo com a notícia

1 Leia o verbete a seguir.

> **tátil** (*tá*-til)
> **adj.** 1. Ref. a tato. 2. Que pode ser percebido pelo tato (sensação tátil).
> **tato** (*ta*-to)
> **sm.** 1. Sentido que nos permite perceber forma, extensão, consistência, aspereza, peso e temperatura de algo por meio do contato com a pele.
> 2. **Fig.** Modo cauteloso de agir; prudência: Com muito tato convenceu-o a render-se.

Dicionário escolar da Língua Portuguesa. Rio de Janeiro: Lexikon, 2012. p. 832.

- Agora releia o segundo parágrafo do texto e explique o que é um **mapa tátil**.

_____
_____

2 Releia o parágrafo a seguir.

> A ideia partiu de Eduardo, que quis entender melhor como era dar aulas para o colega de sala Frailan, cego. Então, ele se juntou à Laíse, que tem pai com deficiência visual, e ambos passaram a explorar as dificuldades e fazer pesquisas sobre **ensino inclusivo**.

- Explique, de acordo com o contexto, o que é o **ensino inclusivo** a que a matéria faz referência.

_____
_____
_____
_____

3 O objetivo principal de uma notícia é:

☐ contar uma história de ficção, inventada.

☐ defender uma opinião sobre algum assunto.

☐ informar o leitor sobre um fato recente.

> A **notícia** é um gênero que apresenta fatos, informações, acontecimentos, recentes ou atuais, que têm importância para o público. Ela é veiculada, geralmente, na televisão, no rádio, em jornais, revistas e portais da internet.

4 Releia o **título** e o **subtítulo** da notícia. Em relação a esses elementos, marque **V** (verdadeiro) ou **F** (falso) nas afirmações a seguir.

☐ O título apresenta a informação que vem a seguir, enquanto o subtítulo apresenta mais detalhes da informação.

☐ No subtítulo, são apresentadas informações que não estão relacionadas ao título.

☐ O título é mais extenso, ou seja, é constituído de uma frase maior do que o subtítulo.

☐ O subtítulo retoma e amplia elementos do título; por meio dele, sabemos que os estudantes criaram um mapa usando retalhos de tecidos, papel camurça, cola 3D e folhas de E.V.A.

☐ A forma de introduzir a notícia, com título e subtítulo, serve para atrair o leitor, incentivando-o a ler o texto.

> A notícia tem um **título**, que deve ser curto e objetivo, resumindo o assunto da notícia e chamando a atenção do leitor.

> O **subtítulo** – também chamado de linha fina – apresenta informações complementares e delimita o assunto tratado no título.

5 Releia o trecho a seguir.

> [...] Com as aplicações, o mapa possibilita que os alunos reconheçam onde há terra, onde está o mar e onde tem vegetação.
>
> "Nosso objetivo é proporcionar uma ferramenta para que as pessoas com deficiência visual possam aprender os assuntos relacionados às regiões do Brasil", disse Eduardo ao *site Porvir*.

a) Para escrever notícias, geralmente o jornalista entrevista pessoas envolvidas no acontecimento que será noticiado e transcreve parte do **depoimento** dado por elas.

- Quem foi entrevistado para a produção da notícia que você leu?

_____

b) Sublinhe, no trecho transcrito, de acordo com a legenda a seguir:

🔴 **Texto do jornalista**   🔵 **Fala do entrevistado**

c) Além das informações trazidas pelo jornalista, a notícia contém uma fala do entrevistado. Pode-se dizer que ela foi expressa com base na opinião do jornalista? Explique sua resposta.

_____
_____

> Notícias utilizam **depoimentos** para dar credibilidade ao fato noticiado, por meio de testemunhos pessoais ou explicações de especialistas.

6 Para qual público leitor esse texto foi escrito? Explique em que você se baseou para responder.

_____
_____
_____

Relações de concordância

1 Leia novamente o título e o subtítulo da notícia, observando as relações de concordância.

> **Estudantes criam mapa para colegas com deficiência visual**
> Usando retalhos de tecidos, papel camurça, cola 3D e folhas de E.V.A., o mapa possibilita que os alunos reconheçam onde há terra, onde está o mar e onde tem vegetação.

> **Estudantes** e **alunos** são palavras flexionadas no plural. Os verbos **criar** (criam) e **reconhecer** (reconheçam) também estão no plural. Essa relação entre os termos recebe o nome de **concordância**.

a) Reescreva o título e o subtítulo da notícia, substituindo **estudantes** por **estudante** e **alunos** por **aluno**.

_____
_____
_____

b) O que ocorreu com os verbos **criar** e **reconhecer** nas frases reescritas?

2 Leia novamente.

> Motivados pela falta de material adaptado, Eduardo Souza e Laíse dos Sales desenvolveram um mapa tátil para facilitar o entendimento das regiões geográficas.

a) A quem o adjetivo **motivados** se refere?

_____

b) Por que esse adjetivo está no plural?

_____

3 Reescreva as frases a seguir, substituindo as expressões destacadas pelas que estão entre parênteses.

a) **O mapa** foi confeccionado com retalho e outros materiais. (Os mapas)

_____

_____

b) **O deficiente visual** tem acesso a um novo recurso de aprendizagem. (Os deficientes visuais)

_____

_____

4 Observe o modelo.

> **O trabalho** foi muito **elogiado** pela professora.
> **A atividade** foi muito **elogiada** pela professora.

- Nas frases a seguir, substitua o trecho em destaque pelo que está entre parênteses e faça as alterações necessárias.

a) A **importância** do mapa tátil tem sido comentada na escola. (uso)

_____

_____

b) O **pai da aluna** com deficiência visual está motivado pela ideia. (alunas)

_____

_____

5 Marque **X** na(s) alternativa(s) correta(s).

☐ Substantivo no singular exige artigo e adjetivo no singular.

☐ Substantivo no plural exige artigo e adjetivo no plural.

☐ O adjetivo fica sempre no singular, mesmo que o substantivo esteja no plural.

Oficina de produção

Notícia

Você vai escrever uma notícia sobre um fato que aconteceu ou acontecerá em sua escola.

RECORDAR

1. Complete o mapa mental com as opções a seguir.

| acontecimentos | assunto | comprovar |
| informações | revistas | testemunhos |

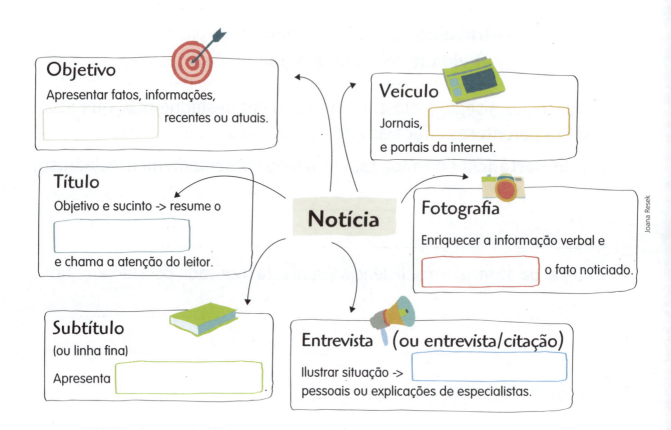

PLANEJAR

2. Reúnam-se em pequenos grupos. Informem-se sobre algo que ocorreu ou ocorrerá na escola. Pesquisem informações, fotografias e entrevistas para ilustrar a notícia.

PRODUZIR

3. Organizem o material pesquisado e escrevam a notícia. Utilizem linguagem clara e objetiva, bem como o registro formal.

REVISAR

4. Peçam a outro grupo que revise o texto do seu grupo (e façam o mesmo com o texto deles). Avaliem se a notícia:
   - trata de um fato que envolve o ambiente escolar;
   - apresenta título e subtítulo que atraiam o leitor;
   - utiliza informações, fotos e legendas sobre o assunto escolhido;
   - emprega linguagem objetiva e utiliza a norma padrão.

Telejornal

Você e seus colegas vão organizar um telejornal para apresentar as notícias que escreveram.

1. Decidam no grupo quem será o apresentador (que anuncia as notícias) e quem será o repórter (que geralmente está no local do acontecimento noticiado).

2. Antes de ler a notícia, o apresentador cumprimenta os ouvintes e apresenta-se. Então, lê as manchetes.

3. Em seguida, o apresentador introduz a primeira notícia e, na sequência, passa a voz ao primeiro repórter, apresentando-o. A notícia termina com a despedida do repórter.

4. O apresentador retoma a palavra para apresentar a segunda notícia ou encerrar o bloco.

Conheça

Site
- *Digital Storytelling*: criação de tirinhas e HQ em *storyboard*. Disponível em: https://www.storyboardthat.com/pt. Acesso em: 11 fev. 2020.

Aplicativo
- *Canva*: criação de tirinhas e HQ. Disponível em: https://www.canva.com/pt_br/criar/tirinhas/. Acesso em: 11 fev. 2020.

UNIDADE 4
Contos e recontos

O que você vai estudar?
Gêneros
- Conto de fadas
- Conto de fadas parodiado

Intervalo
- Discurso direto e discurso indireto

O que você vai produzir?
Oficina de produção
- Desfecho de uma paródia
- Contação de histórias

Antes de ler

- Você conhece a história do patinho feio? O que você sabe sobre ela?

O patinho feio

Hans Christian Andersen

A mamãe pata tinha escolhido um lugar ideal para fazer seu ninho: um cantinho bem protegido, no meio da folhagem, perto do rio que contornava o velho castelo.

Mais adiante estendiam-se o bosque e um lindo jardim florido.

Naquele lugar sossegado, a pata agora aquecia pacientemente seus ovos. Por fim, após a longa espera, os ovos se abriram um após o outro, e das cascas rompidas surgiram, engraçadinhos e miúdos, os patinhos amarelos que, imediatamente, saltaram do ninho.

Porém um dos ovos ainda não se abrira; era um ovo grande, e a pata pensou que não o chocara o suficiente.

Impaciente, deu umas bicadas no ovão e ele começou a se romper.

No entanto, em vez de um patinho amarelinho saiu uma ave cinzenta e desajeitada. Nem parecia um patinho.

Para ter certeza de que o recém-nascido era um patinho, e não outra ave, a mãe-pata foi com ele até o rio e o obrigou a mergulhar junto com os outros.

Quando viu que ele nadava com naturalidade e satisfação, suspirou aliviada.

Era só um patinho muito, muito feio.

Tranquilizada, levou sua numerosa família para conhecer os outros animais que viviam nos jardins do castelo.

Todos parabenizaram a pata: a sua ninhada era realmente bonita. Exceto um.

O horroroso e desajeitado das penas cinzentas!

— É grande e sem graça! — falou o peru.

— Tem um ar abobalhado — comentaram as galinhas.

O porquinho nada disse, mas grunhiu com ar de desaprovação.

Nos dias que se seguiram, as coisas pioraram. Todos os bichos, inclusive os patinhos, perseguiam a criaturinha feia.

A pata, que no princípio defendia aquela sua estranha cria, agora também sentia vergonha e não queria tê-lo em sua companhia.

O pobre patinho crescia só, malcuidado e desprezado. Sofria. As galinhas o bicavam a todo instante, os perus o perseguiam com ar ameaçador e até a empregada, que diariamente levava comida aos bichos, só pensava em enxotá-lo.

Um dia, desesperado, o patinho feio fugiu. Queria ficar longe de todos que o perseguiam. Caminhou, caminhou e chegou perto de um grande brejo, onde viviam alguns marrecos. Foi recebido com indiferença: ninguém ligou para ele. Mas não foi maltratado nem ridicularizado; para ele, que até agora só sofrera, isso já era o suficiente.

Infelizmente, a fase tranquila não durou muito. Numa certa madrugada, a quietude do brejo foi interrompida por um tumulto e vários disparos: tinham chegado os caçadores!

Muitos marrequinhos perderam a vida. Por um milagre, o patinho feio conseguiu se salvar, escondendo-se no meio da mata.

Depois disso, o brejo já não oferecia segurança; por isso, assim que cessaram os disparos, o patinho fugiu de lá.

Novamente caminhou, caminhou, procurando um lugar onde não sofresse.

[...]

Caminhou, caminhou e achou um lugar tranquilo perto de uma lagoa, onde parou.

Enquanto durou a boa estação, o verão, as coisas não foram muito mal. O patinho passava boa parte do tempo dentro da água e lá mesmo encontrava alimento suficiente.

Mas chegou o outono. As folhas começaram a cair, bailando no ar e pousando no chão, formando um grande tapete amarelo. O céu se cobriu de nuvens ameaçadoras e o vento esfriava cada vez mais.

Sozinho, triste e esfomeado, o patinho pensava, preocupado, no inverno que se aproximava.

Num final de tarde, viu surgir entre os arbustos um bando de grandes e lindíssimas aves. Tinham as plumas alvas, as asas grandes e um longo pescoço, delicado e sinuoso: eram cisnes, emigrando na direção de regiões quentes. Lançando estranhos sons, bateram as asas e levantaram voo, bem alto.

O patinho ficou encantado, olhando a revoada, até que ela desaparecesse no horizonte.

Sentiu uma grande tristeza, como se tivesse perdido amigos muito queridos.

Com o coração apertado, lançou-se na lagoa e nadou durante longo tempo. Não conseguia tirar o pensamento daquelas maravilhosas criaturas, graciosas e elegantes. Foi se sentindo mais feio, mais sozinho e mais infeliz do que nunca.

Naquele ano, o inverno chegou cedo e foi muito rigoroso.

[...]

Nos meses seguintes, o patinho viveu num lago, se abrigando do gelo onde encontrava relva seca.

Finalmente, a primavera derrotou o inverno. Lá no alto, voavam muitas aves.

Um dia, observando-as, o patinho sentiu um inexplicável e incontrolável desejo de voar.

Abriu as asas, que tinham ficado grandes e robustas, e pairou no ar. Voou.

Voou. Voou longamente, até que avistou um imenso jardim repleto de flores e de árvores; do meio das árvores saíram três aves brancas.

O patinho reconheceu as lindas aves que já vira antes, e se sentiu invadir por uma emoção estranha, como se fosse um grande amor por elas.

— Quero me aproximar dessas esplêndidas criaturas — murmurou. — Talvez me humilhem e me matem a bicadas, mas não importa. É melhor morrer perto delas do que continuar vivendo atormentado por todos.

Com um leve toque das asas, abaixou-se até o pequeno lago e pousou tranquilamente na água.

— Podem matar-me, se quiserem — disse, resignado, o infeliz.

E abaixou a cabeça, aguardando a morte. Ao fazer isso, viu a própria imagem refletida na água, e seu coração entristecido deu um pulo. O que via não era a criatura desengonçada, cinzenta e sem graça de outrora. Enxergava as penas brancas, as grandes asas e um pescoço longo e sinuoso.

Ele era um cisne! Um cisne, como as aves que tanto admirava.

— Bem-vindo entre nós! — disseram-lhe os três cisnes, curvando os pescoços, em sinal de saudação.

Aquele que num tempo distante tinha sido um patinho feio, humilhado, desprezado e atormentado se sentia agora tão feliz que se perguntava se não era um sonho!

Mas, não! Não estava sonhando. Nadava em companhia de outros, com o coração cheio de felicidade.

Mais tarde, chegaram ao jardim três meninos, para dar comida aos cisnes.

O menorzinho disse, surpreso:

— Tem um cisne novo! E é o mais belo de todos! E correu para chamar os pais.

— É mesmo uma esplêndida criatura! — disseram os pais.

E jogaram pedacinhos de biscoito e de bolo. Tímido diante de tantos elogios, o cisne escondeu a cabeça embaixo da asa.

Talvez um outro, em seu lugar, tivesse ficado envaidecido. Mas não ele. Seu coração era muito bom, e ele sofrera muito, antes de alcançar a sonhada felicidade.

Hans Christian Andersen. *O patinho feio*. Disponível em: http://www.diaadiaeducacao.pr.gov.br/portals/roteiropedagogico/publicacao/8105_o_patinho_feio.pdf.
Acesso em: 11 dez. 2020.

Quem é o autor?

Hans Christian Andersen nasceu em 1805, há mais de 200 anos, na Dinamarca. Ele se tornou conhecido mundialmente por seus contos de fadas, como "O soldadinho de chumbo", "O patinho feio", "O rouxinol", "A pequena sereia", entre outros. Em sua homenagem, o dia internacional do livro infantojuvenil é celebrado na data de seu nascimento, em 2 de abril.

Interagindo com o conto de fadas

1 Releia os trechos a seguir, observando as expressões que caracterizam o personagem principal da história e discuta as questões com seus colegas.

> Era só um patinho muito, muito feio.
>
> Tranquilizada, levou sua numerosa família para conhecer os outros animais que viviam nos jardins do castelo.
>
> Todos parabenizaram a pata: a sua ninhada era realmente bonita. Exceto um.
>
> O horroroso e desajeitado das penas cinzentas!
>
> — É grande e sem graça! — falou o peru.
>
> — Tem um ar abobalhado — comentaram as galinhas.

a) Que palavras ou expressões são utilizadas para caracterizar o patinho? Qual é o efeito de sentido criado pela repetição em **muito, muito feio**?

b) Como o patinho reagiu diante do modo como foi recepcionado no jardim do castelo? Qual é a sua opinião sobre o a maneira como ele foi tratado?

2 Leia novamente os parágrafos a seguir, observando a função dos trechos destacados.

> **Enquanto durou a boa estação, o verão**, as coisas não foram muito mal. [...]
>
> **Mas chegou o outono.** As folhas começaram a cair, bailando no ar e pousando no chão [...]. O céu se cobriu de nuvens ameaçadoras e o vento esfriava cada vez mais.

- A que os trechos destacados fazem referência? E qual é a função deles na construção da história?

_____

_____

3 Numere de 1 a 4 os acontecimentos, de acordo com a sequência apresentada no conto.

☐ Quando veio a primavera, o patinho abriu as asas e voou por muito tempo, até avistar um lindo jardim em que havia um pequeno lago com três lindos cisnes. Ao se aproximar das aves, ele viu a própria imagem refletida na água e descobriu que também era um belo cisne.

☐ Um dia, o patinho feio fugiu e passou a viver em um lago com muitos marrecos. Porém apareceram caçadores e ele fugiu.

☐ Dona pata chocou pacientemente seus ovos. Quando eles se romperam, das cascas surgiram patinhos amarelinhos e engraçados, mas de um deles saiu uma ave cinzenta e desajeitada.

☐ Ela levou sua numerosa família para conhecer os outros animais que viviam nos jardins do castelo. Com o tempo, todos os bichos perseguiam o patinho feio.

> Denomina-se **enredo** a sequência dos acontecimentos de uma narrativa.

4 Leia novamente o desfecho da história.

> — É mesmo uma **esplêndida criatura!** — disseram os pais.
> E jogaram pedacinhos de biscoito e de bolo. Tímido diante de tantos elogios, o cisne escondeu a cabeça embaixo da asa.
> Talvez um outro, em seu lugar, tivesse ficado **envaidecido**. Mas não ele. Seu coração era muito bom, e ele sofrera muito, antes de alcançar a sonhada felicidade.

a) Procure o significado das palavras destacadas em um dicionário e explique o sentido delas no texto.

b) Os contos de fadas são histórias que têm a intenção de transmitir uma mensagem para os leitores. Converse com os colegas sobre a mensagem apresentada no texto, baseando-se no comentário que o narrador faz no último parágrafo.

Antes de ler

1. Alguns contos de fadas ficaram tão famosos que foram reescritos de muitas formas diferentes. Observe o texto a seguir: você acha que vai ler uma versão de qual história conhecida?

2. Pelo título podemos perceber que o autor imaginou o personagem principal de uma forma bem diferente. Como parece ser o personagem principal dessa história? O que pode ter acontecido com ele?

O patinho bonito

Marcelo Coelho

Era uma vez um pato chamado Mílton. Sei que Mílton não é nome de pato. Mas esse se chamava assim, e você vai logo saber por quê. Quando ele nasceu, todos tiveram a maior surpresa. Aliás, não foi quando ele nasceu. Foi quando viram o ovo dele, quer dizer, o ovo que depois seria ele.

Não era um ovo de pato comum. Era meio azulado e brilhante, quase como um ovo de Páscoa. Mas ovos de Páscoa são embrulhados. Esse ovo não era; a casca é que era meio azul.

Os pais de Mílton, quando viram o ovo no ninho, foram logo perguntando:

— Mas o que é que esse ovo está fazendo aí?

— Isso não é ovo de pato.

— Acho que é ovo de galinha.

— Não seja bobo! Galinhas botam ovos brancos!

— Brancos nada! Já vi que são meio amarelos, meio beges. Se ovos de galinha podem ser amarelos, por que é que não podem também ser azuis?

— Bom, então pode ser que seja um ovo de pato. Vai ver que também existem ovos de pato que são azuis.

E acharam melhor esperar para ver o que acontecia.

Um dia, a casca azulada do ovo começou a se quebrar e de lá saiu um lindo patinho. Era azul? Não, não era. Era um patinho normal. Só que muito mais bonito do que os outros, e os patos sabiam disso. Acharam o patinho tão bonito que resolveram logo uma coisa. Não era justo dar para ele um nome qualquer. Ele era diferente. Era mais bonito. Como é que poderia ter um nome comum, como "Quem-Quem"?

— Esse nome é para patos comuns – disse a mãe dele.

— Então, vamos chamá-lo de Quá-Quá – disse a madrinha dele.

— Esse também é para patos comuns, sua boba! – respondeu a mãe. — Eu quero que ele se chame Mílton.

Ela gostava do nome Mílton. Todos acharam meio estranho, mas acabaram concordando que um patinho tão bonito merecia um nome especial.

O tempo foi passando, e Mílton era o patinho mais bonito da escola. Todos olhavam para ele e diziam: "Como ele é bonito!". Ele se olhava no espelho e dizia: "Como eu sou bonito!". E ficava pensando: "Sou tão bonito que talvez eu nem seja um pato de verdade. Tenho até um nome diferente. Meu ovo era azul. Eu me chamo Mílton. Quem sabe eu sou gente?".

E Mílton começou a ficar meio besta. Diziam: "Mílton, vem nadar!". Ele respondia: "Eu não. Pensam que sou pato como vocês?". Todos os outros patos começaram a achar o Mílton meio chato. Ele foi ficando sozinho. E dizia: "Não faz mal. Sou mais bonito. Vou terminar na televisão. Vou ser o maior galã".

Uma noite Mílton resolveu fugir de casa. Foi até a cidade para tentar entrar na televisão. Quando chegou na porta da estação de TV, foi logo dizendo: "Eu me chamo Mílton. Além de bonito, acho que tenho muito talento artístico". Ele falava difícil. Queria dizer que tinha jeito para ser ator de novela. Juntou gente em volta.

— Ih, não enche – disse alguém. — Todo dia alguém arranja uma fantasia de bicho e vem aqui procurar lugar na televisão.

— Mas você não vê que eu não estou fantasiado? – perguntou Mílton. — Se eu estivesse usando uma roupa de pato, se eu fosse uma pessoa com roupa de pato, eu seria da sua altura. Mas eu sou baixinho como um pato! Como um pato de verdade!

— Então como é que você sabe falar?

— Mas os patos falam! – disse Mílton, quase chorando.

— Não vem com essa, ô malandro – disse um guarda que estava ali perto. — Para mim você é um pato mecânico. Deve ser uma espécie de robô com um computador na cabeça!

E o guarda foi logo agarrando o Mílton para arrancar a cabeça dele e ver o que tinha dentro.

— Me larga! Me larga! – gritava Mílton. — Eu sou um pato! Um pato de verdade! Sou um PATO! Um PATOOO...

De repente Mílton teve um estremeção. Abriu os olhos e viu que estava em casa. Ele tinha sonhado. Olhou para seus pais, ainda meio assustado, e disse:

— Eu sou um pato... eu sou um pato...

E seus pais disseram:

— Puxa, ainda bem que você se convenceu disso!

— É verdade, já estava na hora de você achar que era um pato mesmo!

— E todo mundo estava cheio dessa sua história de achar que não era um pato, que era diferente...

Mílton ouviu tudo aquilo e ficou pensando: "Puxa, ainda bem que eu sou um pato, um patinho como todos os outros! Ainda bem!"

E daí em diante não havia pato mais contente, que tivesse mais vontade de nadar na lagoa, do que Mílton. De vez em quando ele ainda dizia: "Sou um pato! Um pato mesmo!". E dava um suspiro de alívio.

Vice-versa ao contrário.
Heloísa Prieto (org.).
São Paulo: Companhia das
Letrinhas, 1996. p. 21-24.

Quem é o autor?

Marcelo Coelho nasceu em São Paulo, em 1959. É tradutor, escritor de literatura e cronista. Também trabalha como jornalista.

Interagindo com o conto de fadas parodiado

1 Leia novamente os dois primeiros parágrafos do texto. Em seguida, responda.

a) Segundo o narrador, quem é o personagem principal da história?

_____

_____

b) Como era o ovo encontrado pelos patos?

_____

_____

2 Leia.

> Um dia, a casca azulada do ovo começou a se quebrar e de lá saiu um lindo patinho. Era azul? Não, não era. Era um patinho normal. Só que muito mais bonito do que os outros, e os patos sabiam disso. Acharam o patinho tão bonito que resolveram logo uma coisa.

- O que os patos "resolveram"?

_____

_____

3 Na história, Mílton diz que vai ser **galã**.

a) O que essa palavra quer dizer?

_____

_____

b) O que fez com que Mílton achasse que poderia ser **galã**?

_____

_____

c) O que aconteceu com Mílton na porta da TV?

_____
_____
_____

4 Leia novamente.

> Era uma vez um pato chamado Mílton. **Sei** que Mílton não é nome de pato. Mas esse se chamava assim, e **você** vai logo saber por quê.

a) Quem é que sabe que Mílton não é nome de pato? Quem conta isso?

_____

b) A quem a palavra **você** se refere?

_____

5 Observe o tipo de letra usado na fala do personagem.

> "— Me larga! Me larga! – gritava Mílton. — Eu sou um pato! Um pato de verdade! Sou um PATO! Um PATOOO..."

- Por que Mílton repetiu a palavra **pato** na sua fala ao guarda? E por que essa palavra está escrita com todas as letras maiúsculas?

Brenda Bossato

6 Leia.

> De repente Mílton teve um estremeção. Abriu os olhos e viu que estava em casa. Ele tinha sonhado. [...]

- A palavra estremeção quer dizer:

    ☐ um ataque.

    ☐ um tremor.

    ☐ um desmaio.

7 Responda.

a) Assim como na história original "O Patinho Feio", Mílton também acaba sendo rejeitado. Por quê?

_____

_____

b) Você acha que as histórias são importantes para fazer os leitores pensarem? Explique sua resposta.

_____

_____

_____

Discurso direto e discurso indireto

1 Leia novamente.

> Uma noite Mílton resolveu fugir de casa. Foi até a cidade para tentar entrar na televisão. Quando chegou na porta da estação de TV, foi logo dizendo: "Eu me chamo Mílton. Além de bonito, acho que tenho muito talento artístico". Ele falava difícil. Queria dizer que tinha jeito para ser ator de novela. Juntou gente em volta.
> — Ih, não enche – disse alguém. — Todo dia alguém arranja uma fantasia de bicho e vem aqui procurar lugar na televisão.

a) Sublinhe no texto as frases que apresentam discurso direto.

b) Por que o segundo parágrafo inicia com travessão? Nesse parágrafo, é o narrador quem fala?

---

2 Veja outra forma de escrever o trecho reproduzido na atividade 1.

> Uma noite Mílton resolveu fugir de casa. Foi até a cidade para tentar entrar na televisão. Quando chegou na porta da estação de TV, foi logo dizendo que se chamava Mílton. Além disso, disse que era bonito e tinha muito talento artístico. Ele falava difícil. Queria dizer que tinha jeito para ser ator de novela. Juntou gente em volta. Então, alguém disse que ele devia se afastar e que todos os dias alguém arranjava uma fantasia de bicho e vinha procurar lugar na televisão.

a) Que diferença você notou entre as duas formas de escrever?

b) Em qual dos trechos mencionados é reproduzida fielmente a fala dos personagens? E em qual o leitor fica sabendo o que os personagens falam por intermédio do narrador?

Em uma narrativa, o narrador pode apresentar as falas dos personagens exatamente como eles falaram, marcando-as com aspas ou travessão. Essas falas são chamadas de **discurso direto**.

O narrador também pode contar com suas palavras o que os personagens disseram. As falas reproduzidas por intermédio do narrador são chamadas de **discurso indireto**.

3 Observe o exemplo e complete o quadro.

Discurso direto	Discurso indireto
— Mas você não vê que eu não estou fantasiado? — **perguntou Mílton.**	**Mílton perguntou** se as pessoas não viam **que** ele não estava fantasiado.
— Mas os patos falam! — disse Mílton, quase chorando.	

4 Nos trechos de contos de fadas a seguir, faça a passagem do discurso indireto para o discurso direto.

a) Quando a casca do ovo quebrou e apareceu aquele patinho cinzento e com um bico enorme, a mãe ficou espantada e disse que ele não era nada parecido com os irmãos.

_____

_____

b) Todos os dias a rainha perguntava ao espelho quem era a mulher mais bonita do reino, e o espelho respondia que ela era a mais bela de todas.

_____

_____

Oficina de produção

Desfecho de uma paródia

Nesta atividade você vai criar uma continuação bem-humorada para uma paródia do conto de fadas "Os três porquinhos". Mas, antes, vamos recordar!

RECORDAR

1. O mapa mental a seguir apresenta as principais características de um conto de fadas parodiado. Complete as lacunas com as palavras a seguir.

| conta | desempenha | engraçado |
| nova | onde | quando |

PLANEJAR

2. Leia o começo desta paródia do conto de fadas "Os três porquinhos".

> ### Os três lobinhos e o porco mau
> *Eugene Trivizas*
>
> Era uma vez três lobinhos de pelos macios e rabos peludos que viviam com sua mãe. O primeiro era preto, o segundo era cinza e o terceiro, branco.
>
> Um dia, a mãe chamou os três lobinhos à sua volta e disse:
>
> — Meus filhos, é hora de vocês saírem pelo mundo. Vão construir uma casa para vocês. Mas cuidado com o porco mau.
>
> — Não se preocupe, mamãe, nós ficaremos de olho nele – disseram os três lobinhos. E lá foram eles.
>
> Logo eles encontraram uma canguru que estava empurrando um carrinho de mão cheio de tijolos vermelhos e amarelos.
>
> — Por favor, você pode nos dar alguns desses tijolos? – perguntaram os três lobinhos.
>
> — Certamente – disse a canguru, dando-lhes um monte de tijolos vermelhos e amarelos.
>
> Então, os três lobinhos construíram uma casa de tijolos.
>
> No dia seguinte, o porco mau veio andando pela estrada e [...]

Eugene Trivizas. *Os três lobinhos e o porco mau*. São Paulo: Brinque-Book, 2003. p. 3-6.

3. Como você deve ter observado, a história *Os três lobinhos e o porco mau* não está completa. Continue a narrativa, criando uma situação em que os lobinhos enfrentam um perigo. Mostre como eles resolvem o problema e, ao final, invente um desfecho bem interessante. Lembre-se de que paródias são, geralmente, textos cômicos.

Brenda Bossato

PRODUZIR

4. Ao escrever seu texto, siga estas orientações:

- Em *Os três lobinhos e o porco mau*, o narrador não é um dos personagens; logo, na continuação que você vai escrever, o narrador deve ser do mesmo tipo.
- Utilize discurso direto para as falas dos personagens.
- Sua continuação deve condizer com o início da narrativa, mas você pode acrescentar novos personagens.
- Use pronomes e outros recursos para evitar repetições desnecessárias e para fazer a ligação entre as partes do texto.

REVISAR

5. Mostre sua história para um colega e peça-lhe que a leia e observe se você:

- usou um narrador que conta a história, mas não participa dos acontecimentos;
- narrou um perigo enfrentado pelos lobinhos;
- contou como eles solucionaram o problema e inventou um desfecho interessante e engraçado para a história;
- usou pontuação adequada para dar expressividade ao texto;
- usou travessão para marcar a fala dos personagens no diálogo;
- usou pronomes pessoais para evitar repetições e ligar as partes do texto.

6. Releia o texto e faça as mudanças necessárias. Depois, entregue-o ao professor.

COMPARTILHAR

7. Faça os ajustes indicados pelo professor. Passe o texto a limpo em uma folha avulsa e ilustre-o.

8. Leia para a turma o final que você imaginou e ouça com atenção os finais criados pelos colegas. Depois, ajude o professor a organizar uma **coletânea de paródias** para circular entre os colegas de outras turmas e ficar na biblioteca da escola. Assim, muita gente vai poder se divertir com as histórias!

Contação de histórias

1. A coletânea de paródias pode ser utilizada para um momento de **contação de histórias**, com o apoio de objetos.

> A **contação de histórias** não é uma simples leitura, já que o contador dá vida a uma narrativa. Para isso, ele pode fazer vozes diferentes para os personagens, mudar a entonação de acordo com as partes do texto e acrescentar músicas ou objetos que tenham a ver com a história, como fantoches, dedoches etc.

2. Escolham algumas das paródias da coletânea e organizem grupos para contar cada história. Cada grupo vai ensaiar como será a contação.
3. No dia combinado para a apresentação, a turma pode se reunir no pátio, na biblioteca ou permanecer na sala de aula. Sentem-se em um semicírculo para acompanhar a contação de cada grupo.
4. A história deve ser contada devagar e no tom de voz adequado para que todos consigam ouvi-la e entendê-la. Não se esqueçam de manter contato visual com a plateia, para atrair a atenção dos ouvintes.
5. Depois da apresentação, avaliem se os grupos contaram as histórias de modo criativo e façam ajustes para futuras contações.

Conheça

Editora Moderna

Livro
- *Almanaque dos contos de fada*, de Alfredina Nery e Lourdes Atiê. São Paulo: Moderna, 2013.
  Você sabia que existem mais de mil versões da história da Cinderela? E por que será que as narrativas começam com "Era uma vez..."? Essas e outras curiosidades você encontra nesse almanaque, que também fala da vida dos irmãos Grimm, autores de inúmeros contos de fadas.

Sites/podcasts
- *Era uma vez um podcast*. Apresenta áudios com narrações de histórias infantis. Disponível em: https://open.spotify.com/show/2w3vpindCOfxVx2oHlbjHm?si=tjN4XyZqRYWM28w T9LA6HQ. Acesso em: 16 fev. 2020.
- *Três irmãos em perigo num mundo cruel*. Livro em formato de *podcast* que conta a história de três porquinhos que fogem de casa. Disponível em: https://podventura.podbean.com/. Acesso em: 16 fev. 2020.
- *Contos de fadas com a Gigi*. Site que apresenta textos e vídeos de diversos contos de fadas. Disponível em: http://contosdefadascomagigi.com/. Acesso em: 28 fev. 2020.

UNIDADE 5
Um conto e um canto

O que você vai estudar?
Gêneros
- Conto
- Letra de canção

Intervalo
- Linguagem poética

O que você vai produzir?
Oficina de produção
- Letra de canção (escrita e oral)

Antes de ler

1. Leia o título do texto a seguir. O que você imagina sobre a história?
2. Agora leia o primeiro parágrafo do texto. O que é possível descobrir sobre a história apenas com essa leitura?

A incrível história do menino que não queria cortar o cabelo

Penélope Martins

A história que você vai conhecer aconteceu há muitos e muitos anos num vilarejo escondido entre florestas sombrias, onde se ouviam causos tenebrosos, repletos de seres maléficos e horripilantes.

Num casebre isolado bem no alto da montanha viviam um menino e sua mãe. O garoto parecia mula brava empacada em dia de chuva, de tão teimoso que era! Não é que a mãe não gostasse do filho, mas, por causa de tantas confusões, birras e malcriações do menino, a pobre mãe vivia cansada.

Mas o maior problema do menino é que ele não gostava de tomar banho, nem de escovar os dentes. Pentear-se? De jeito nenhum! E ainda jurava por todos os cantos que nunca, mas nunca mesmo, iria cortar um só fio do seu longo cabelo.

Todo dia, pela manhã, a mãe o acordava e pedia que ele fosse se lavar para começar o dia. E o menino respondia, em tom de zombaria:

— O dia não precisa que eu me lave pra começar, mãe. Olha lá fora: ele já começou e eu nem saí da cama.

[...]

Cansada de tanta birra, a mãe começou a amedrontar o filho com a história do bruxo que arrastava consigo crianças fedidas e desobedientes. Nem ela mesma acreditava nessa história, mas parecia não existir outra solução para o filho que não uma criatura daquelas.

"Saiba que há um bruxo com os pés compridos e cascudos, unhas gigantes, cheias de musgo e lama, orelhas cobertas de pelos enormes e grudentos, arrastando seu pesado corpo entre as árvores da floresta. Um ser que perambula há tanto tempo sobre a Terra que, nas costas, no lugar de pele, tem cascos de conchas."

A cara de espanto do garoto não inibiu a mãe, que continuou:

"O bruxo coleciona crianças. Não qualquer tipo de criança: só aquelas que não se lavam. Ele sente o cheiro de birra e teimosia e corre para apanhá-las! [...] Continue assim birrento, teimoso e fedorento e não vai demorar muito pro terrível bruxo sentir seu cheiro e vir logo buscá-lo. E eu, pobre de mim, nem poderei defendê-lo desse monstro imenso."

— Blá... blá... blá... Não vou cortar meus cabelinhos e nem tenho medo de bruxo nenhum!

— Isso, continue zombando, que você vai ser mais um dos meninos desobedientes que servem de escravos no castelo mal-assombrado do bruxo.

[...]

A briga entre os dois, assim, não tinha mais fim, até que um dia sua mãe, depois de trabalhar no mercado do vilarejo vendendo sua colheita de tomates, pediu ajuda a um velho barbeiro. Era um senhor muito grande, gorducho, limpo e cheiroso. Sua cabeça exibia uma lustrosa careca com cabelinhos bem aparados nas laterais. Vestia um avental branco com bolsos enormes, onde portava seu tesourão.

[...]

Comovido pelo desespero da mãe, o barbeiro tentou convencer o garoto, que brincava ali perto, a um bom corte de cabelo, repetindo a história do bruxo.

— Não!!! — o menino gritou tão alto, que o povoado inteiro se assustou. — Não corto meu cabelo por nada neste mundo!!!

[...]

De longe, o barbeiro falava alto para o menino ouvir:

— Grite, pode gritar bastante com essa cabeleira fedorenta! Assim, logo aparece o bruxo para vir te pegar. Dizem que os olhos dele não enxergam, mas seu nariz é um radar de fedor, viu?

Ao ouvirem aquilo, as pessoas do vilarejo, todas muito supersticiosas, fugiram para suas casas e fecharam rapidamente portas e janelas.

Foi nesse instante — ou pouco depois — que as nuvens começaram a escurecer rapidamente, formando um grande manto negro no céu. Do meio do manto surgiu de repente a criatura mais sinistra que alguém já poderia ter visto, ou mesmo imaginado. Era o enorme bruxo! Ele agarrou o garoto num só golpe pelo cabelo e o aproximou do nariz, fungando-o.

— Socorrrooo!!! Socoorrrroooo!!! — pôs-se a gritar o menino, já sentindo seu fim se aproximar. Desesperada, a mãe segurava seus pés. O bruxo não conseguia enxergar nada ao seu redor e não pôde ver quando o barbeiro lançou um único golpe com sua tesoura afiada no cabelo do garoto. *Zapt!!!*

Com o golpe certeiro, o bruxo voou com fios de cabelo enroscados em seu longo nariz, enfeitiçado pelo cheiro podre que deles emanava. E sumiu.

O menino, livre das garras do bruxo e do cabelo nojento, acabou caindo bem no meio da fonte da praça. E ali mesmo tomou o maior banho de sua vida!

Um tanto emocionado com sua nova aparência, o menino disse ao barbeiro:

— Na verdade, eu já andava um pouco irritado com tantas patinhas pisoteando minha cabeça.

[...]

Depois daquele dia, sempre que o garoto dizia que não precisava tomar banho por não ter suado, a mãe fingia não dar importância e, balançando os ombros, dizia tranquilamente:

— Por mim... — E lá ia o garoto tirar a roupa...

Penélope Martins. *A incrível história do menino que não queria cortar o cabelo.* São Paulo: Folia de Letras, 2014. p. 7-29.

Quem é a autora?

Penélope Martins é advogada, escritora e narradora de histórias. Como narradora, já fez apresentações em diversos lugares do Brasil e em Portugal. É autora do *blog* Toda Hora Tem História, uma revista virtual dedicada ao compartilhamento de leituras.

Interagindo com o conto

1. Observe a capa do livro em que a história foi publicada.
   - Como o menino é representado na capa?

2. Releia o título e o início do conto.

   > **A incrível história do menino que não queria cortar o cabelo**
   > A história que você vai conhecer aconteceu há muitos e muitos anos num vilarejo escondido entre florestas sombrias, onde se ouviam causos tenebrosos, repletos de seres maléficos e horripilantes.

   No trecho, qual expressão indica:

   a) o tempo, isto é, quando ocorrem os acontecimentos narrados?

   _____

   b) o espaço em que se desenrolam os acontecimentos narrados?

   _____

3. Pelo título do conto, o leitor já fica conhecendo o **conflito da narrativa**. Marque um **X** na opção que apresenta o conflito ou problema anunciado no título.

   ☐ A história é incrível.
   ☐ É a história de um menino.
   ☐ O menino não queria cortar o cabelo.
   ☐ O menino é incrível.

   > O **conflito da narrativa** é uma situação que geralmente aparece no início de uma história e cria um problema ou se opõe ao que havia sido narrado anteriormente. A partir do conflito serão desencadeados outros acontecimentos.

4 Releia o trecho a seguir.

> — Socorrrooo!!! Socoorrrroooo!!! — pôs-se a gritar o menino, já sentindo seu fim se aproximar. Desesperada, a mãe segurava seus pés. O bruxo não conseguia enxergar nada ao seu redor e não pôde ver quando o barbeiro lançou um único golpe com sua tesoura afiada no cabelo do garoto. *Zapt!!!*

a) Que palavra do trecho representa um som? Que som é esse?

_____

_____

b) Por que a palavra **socorro** foi representada com letras repetidas?

_____

_____

c) Que sinal de pontuação foi utilizado para introduzir a fala do personagem?

_____

5 Alguns textos contam histórias reais, como as notícias de jornal. Em relação ao conto, marque a afirmação mais adequada.

☐ O conto tem como objetivo relatar um acontecimento real.

☐ O conto narra uma história fictícia, inventada pelo autor, embora muitas vezes ele se inspire em situações da vida real.

☐ O conto narra uma história que se baseia nas notícias de jornal.

☐ O conto pode ser uma obra de ficção ou noticiar um fato real.

Texto 2

Antes de ler

1. Observe a organização do texto. O que você acha que vai ler?
2. Leia o título do texto. De que assunto ele parece tratar?

Pego leve
Isabella Ladeira

Refrão (2x)
Se a vida pega pesado, eu pego leve
Se a vida pega pesado, eu pego leve
Pego leve, pego leve, levo a vida leve
Pego leve, levo leve...

Passarinho bom de bico sabe se virar
Faz o ninho, canta forte pro mundo acordar
Vem o vento, chuva grossa faz tudo **ruir**
Ele some, caça rumo pra depois surgir

Lá no alto outro galho novo pra explorar
Tempo firme mais um pouco pra se renovar
Esperança nunca morre nem é pra perder
Começar um novo ninho pra se aquecer

Refrão (2x)
[...]

Glossário

Ruir: cair, desmoronar.

Isabella Ladeira. Pego leve. Em: #LÚDICA26 - Coletânea de Originais. Lúdica Música: Juiz de Fora, 2017. CD 1. Faixa 3.

Quem é a autora?

Nascida em Juiz de Fora, Minas Gerais, **Isabella Ladeira** é cantora, compositora e percussionista. É uma das fundadoras e integrantes do grupo Lúdica Música!, criado em 1991. Dona de um estilo único, Isabella toca pandeiro e percussão em geral.

Interagindo com a letra de canção

1 Escreva **V** (verdadeiro) ou **F** (falso) para as afirmativas.

☐ O texto foi escrito em **parágrafos**.

☐ O texto foi escrito em **versos**.

☐ As **estrofes** possuem quatro versos.

☐ Não há **estrofes** no texto.

2 Releia este trecho da canção.

> [...]
> Lá no alto outro galho novo pra explorar
> Tempo firme mais um pouco pra se renovar
> Esperança nunca morre nem é pra perder
> Começar um novo ninho pra se aquecer
> [...]

a) Você percebeu a presença de **rimas**? Em caso positivo, circule no trecho citado as palavras que rimam.

b) As rimas são importantes em <u>letras de canção</u>? Justifique sua resposta.

> A **letra de canção** é um gênero organizado em versos, que podem ser agrupados em estrofes, e é composta para ser cantada. Por isso, o ritmo, a rima e a sonoridade são elementos muito importantes. Outra característica é a presença de refrão, que é a parte principal de uma canção e se repete várias vezes. Por isso, é o trecho que memorizamos mais rapidamente.

3 Releia o refrão da canção.

> Se a vida pega pesado, eu pego leve
> Se a vida pega pesado, eu pego leve
> Pego leve, pego leve, levo a vida leve
> Pego leve, levo leve...

a) Circule no trecho as palavras **pego/pega** e **leve**.

b) Que efeito de sentido a <u>repetição</u> dessas palavras gera?

Em letras de canção, a **repetição** de palavras ou frases é um recurso comum.

4 Agora escute a canção "Pego leve", prestando atenção na letra.

a) Qual é a **mensagem** principal da canção?

_____

_____

b) Que emoções essa canção causa em você?

_____

_____

c) Que impressão você teve da canção depois que a escutou? Algo mudou?

A letra de canção pode transmitir uma **mensagem** sobre diversos temas, como amor, esperança ou questões sociais. Além disso, esse gênero busca causar emoções no interlocutor, como alegria, saudade, ou despertar reflexões, por exemplo.

5 Você já ouviu muitas canções ao longo de sua vida. Qual é a sua favorita e por quê?

Linguagem poética

1 Você deve ter percebido que na canção "Pego leve" há palavras e expressões usadas em sentido diferente do habitual. Leia.

> Passarinho bom de bico sabe se virar
> Faz o ninho, canta forte pro mundo acordar

a) De acordo com os versos, para que o passarinho usa o **bico**?

_____

b) A expressão **bom de bico** é também utilizada para se referir a alguém que é bom de conversa. Pensando nisso, reescreva os versos com suas palavras.

_____
_____

2 Reescreva o verso "Se **a vida pega pesado**, eu pego leve" e substitua a expressão destacada por outra, sem alterar o sentido.

_____
_____

3 Em "Fabiano **pega** caixas muito **pesadas** no trabalho", os sentidos de **pegar** e de **pesado** são os mesmos da letra de canção? Justifique sua resposta.

_____
_____
_____

4 As expressões populares a seguir foram retiradas da canção "Pego leve", que você leu no Texto 2. Forme frases com cada uma delas.

a) Pegar pesado.
_____

b) Pegar leve.
_____

c) Saber se virar.
_____

5 Leia mais um trecho da canção "Pego leve" e observe a palavra destacada.

> Borboleta colorida leve a voar
> Pousa em todas as flores, **baila** pelo ar
> Se o vento vira e a brisa vira furacão
> Gruda com todas as forças, prende-se no chão

Isabella Ladeira. Pego leve. Em: Lúdica Música! *Originais ao vivo*. Lúdica Música: Juiz de Fora, 2017. Faixa 13.

Leia também o verbete de dicionário do verbo **bailar**.

bai·lar
verbo transitivo e intransitivo
1. Executar um bailado. **2.** Dançar. **3.** [Figurado] Não estar fixo, oscilar.

Bailar. Em: *Dicionário Priberam da Língua Portuguesa*. Disponível em: https://dicionario.priberam.org/bailar. Acesso em: 27 fev. 2020.

- Qual dos sentidos indicados no verbete corresponde ao que foi utilizado na letra da canção? Justifique sua resposta.

_____
_____
_____

Oficina de produção

Letra de canção

Você já sabe que o gênero letra de canção é parecido com o poema. Agora vamos criar versos e depois transformá-los em uma canção.

RECORDAR

1. O mapa mental a seguir apresenta as principais características de uma letra de canção. Complete as lacunas com as opções a seguir e consulte o mapa sempre que quiser relembrar esse gênero.

| linha | mensagem | poesia |
| repetida | sonoridade | versos |

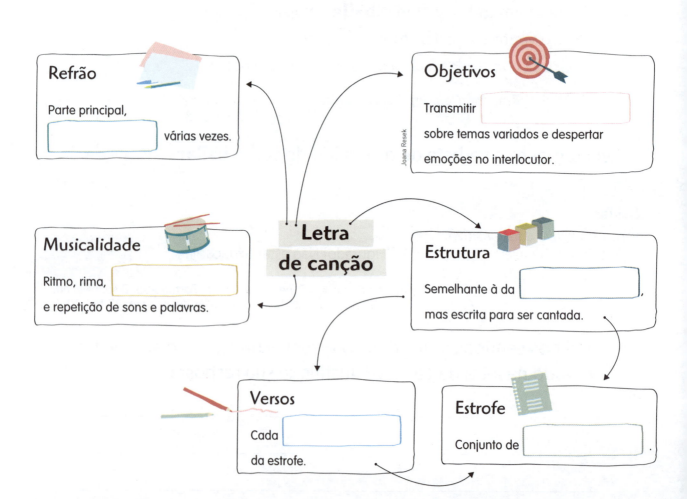

PLANEJAR

2. Com um colega, leiam o poema de Roseana Murray e respondam às questões a seguir em um rascunho.

ALEGRIA

Roseana Murray

Uivar para a lua,
cantar na chuva,
rodopiar,
sapatear,
bater palmas,
qualquer alegria
ajuda o bom
funcionamento
do tempo.
Qualquer alegria
prateada
ajuda a Terra
em sua silenciosa
dança.

Alegria. Em: Roseana Murray. *Com a lua nos olhos*. São Paulo: Editora do Brasil, 2020. p. 34.

- O que a lua lembra a vocês? Que tipo de emoção ela desperta?
- E quanto à chuva quando cai? O som e os movimentos dessa cena provocam que emoções em vocês?

3. Agora leiam as palavras do quadro abaixo.

engraçado   sorridente   encantado   colorido   perfumado

- O que pode ser engraçado? E o que pode ser sorridente? E encantado? E colorido? E perfumado?
- No caderno, registrem o que pensaram. Escrevam frases ou a descrição de imagens de que se lembraram.

85

PRODUZIR

4. Chegou a hora de escrever mais alguns versos para o poema "Alegria"! Completem a estrofe a seguir com versos criados.

Uivar para a lua,
cantar na chuva,
rodopiar,
sapatear,

_____

_____

_____

_____

_____

_____

_____

Qualquer alegria
prateada
ajuda a Terra
em sua silenciosa
dança.

REVISAR

5. Troquem o texto com outra dupla. Se quiserem, façam alguma sugestão ou apontem alguma correção no texto.

6. Depois, releiam o texto e façam alterações, se acharem necessário.

COMPARTILHAR

7. Este é o momento de transformar o poema em canção. Para isso, criem um ritmo original, com sons que combinem com os versos, ou podem "encaixar" o texto na **melodia** de uma música conhecida, por exemplo, "O sapo não lava o pé".

> A **melodia** é o conjunto de sons organizados que estrutura a composição musical.

8. Ensaiem a canção, convidando dois colegas para ouvi-la. Vocês também podem compartilhar o áudio do ensaio com eles. Peça que os colegas forneçam sugestões sobre a combinação dos versos com a melodia.

9. Em um dia previamente combinado, organizem uma apresentação musical em que cada dupla deve cantar para o restante da turma a canção criada.

Conheça

Livro
- *Lua cheia de poesia*, de Neusa Sorrenti. São Paulo: Editora do Brasil, 2010.
O livro conta a história de uma grande festa preparada no céu pela Lua. Para que nada desse errado, as Três Marias e outras estrelas foram encarregadas das músicas da festa. Também houve dança, teatro e muita poesia!

Vídeo
- "Pego leve", de Isabella Ladeira. Vídeo que apresenta a canção trabalhada nesta unidade. Disponível em: https://www.youtube.com/watch?v=k-6uS-NX9N0. Acesso em: 28 fev. 2020.

UNIDADE 6
Por dentro da comunicação

O que você vai estudar?
Gêneros
- Texto de divulgação científica
- Carta de leitor

Intervalo
- Uso de adjetivos

O que você vai produzir?
Oficina de produção
- Carta de leitor

Antes de ler

1. Observe as imagens apresentadas no texto. Você sabe o nome desse animal?
2. Relacione as imagens ao título. De que assunto o texto parece tratar?

http://chc.org.br/ai-que-fedor/

Ai, que fedor!

Diogo Loretto

O que você sabe sobre os gambás? Aposto que acerto sua resposta: "Ah, são bichos fedidos!" Mas, agora, lhe pergunto: para que tanto fedor? Se não souber, fique tranquilo, pois eu mesmo respondo...

▶ Acredite se quiser, os gambás são primos americanos dos cangurus australianos.

Os gambás são, em geral, pequenos (a maior espécie pesa apenas sete quilos) e lentos. Por isso, são **presas** fáceis para bichos maiores e mais rápidos, como cachorros-do-mato e **felinos silvestres**. Para escapar de virarem almoço de médios e grandes carnívoros, os gambás desenvolveram algumas estratégias: uma é a tanatose, outra, o mau cheiro.

http://chc.org.br/ai-que-fedor

Tanatose, em bom português, significa fingir-se de morto, enganando os **predadores** para que eles desistam do ataque – a maioria dos carnívoros come apenas animais vivos. Por exemplo, o gambá *Didelphis virginiana*, encontrado nos Estados Unidos, é craque nesse teatro – tanto que, no idioma local, o inglês, usa-se a expressão "bancar o gambá" para referir-se a alguém que está, metaforicamente, se fingindo de morto. A fama de atores desses bichos também chegou ao cinema: no filme *A Era do Gelo 2*, os irmãos gambás Crash e Eddie se fingem de mortos o tempo todo.

Mas essa estratégia nem sempre funciona. Alguns predadores acabam descobrindo a farsa e atacam. Entra aí o mau cheiro! Ao sensibilizar o olfato de seus predadores, o gambá está mandando outra mensagem, como se dissesse "veja como estou fedido, não sou uma boa opção para o seu jantar; posso estar podre e cheio de doenças".

Assim como os gambás, outros bichos se valem do mau cheiro para espantar predadores. O mais famoso deles é o cangambá ou jaritataca, que também já virou desenho animado (quem se lembra de Pepe Le Gambá?). Ele tem uma **glândula** que secreta um líquido muito fedido pelo ânus, espirrando-o em direção ao inimigo. Gambás e outros mamíferos, como cães domésticos, também possuem essa glândula, mas com odor mais brando, e nem sempre são capazes de "espirrar" o líquido que produzem.

▶ Os cangambás também se valem do fedor para espantar predadores.

http://chc.org.br/ai-que-fedor/

▶ Até hoje, pesquisadores não sabem qual é a composição do líquido fedido produzido pelos gambás, mas é provável que se assemelhe à secreção dos cangambás: uma cadeia alcoólica cheia de enxofre em sua composição – daí o cheiro de gás ou ovo podre.

A estratégia fedida é conhecida pelos cientistas há muitos anos e está ligada à tanatose, isto é, trata-se um mecanismo utilizado pelos gambás e outras espécies para reforçar a aparência de que estão mortos, **exalando** o mau cheiro semelhante ao de animais em decomposição. Algumas espécies usam esses odores também para outras finalidades, como demarcar territórios e atrair parceiros para a reprodução.

Bem, o papo está bom, mas esse tema acabou me deixando um pouco enjoado. Vamos mudar de assunto?

Diogo Loretto. Ai, que fedor! *Ciência Hoje das Crianças*, Rio de Janeiro, 13 jan. 2016. Disponível em: http://chc.org.br/ai-que-fedor/. Acesso em: 2 mar. 2020.

Glossário

Exalar: soltar ou manifestar (cheiro).
Felino: família de animais que inclui gatos, leões e tigres, entre outros.
Glândula: órgão que expele líquido orgânico.
Predador: animal que ataca outros seres vivos para se alimentar deles.
Presa: o que um animal carnívoro procura para comer.
Silvestre: que vive na floresta; que não foi domesticado.

Quem é o autor?

Diogo Loretto é biólogo e doutor em Ecologia pela UFRJ. Atuou no Laboratório de Biologia e Parasitologia de Mamíferos Silvestres Reservatórios (IOC/Fiocruz) em seu pós-doutorado. Sempre pesquisou mamíferos, principalmente os de pequeno porte. É gerente técnico e analista ambiental na Bicho do Mato Meio Ambiente Ltda.

Interagindo com o texto de divulgação científica

1 Leia o texto a seguir, sobre a composição de um texto de **divulgação científica**.

> O texto de **divulgação científica** expõe conhecimentos do campo da ciência. É composto por um tema central e pelo desenvolvimento. Pode apresentar ou não uma conclusão.

a) Qual é o tema central do texto?

_____

_____

b) Releia o último parágrafo e explique: de que modo o texto foi concluído?

_____

_____

_____

2 O texto "Ai, que fedor!" tem por objetivo:

☐ relatar acontecimentos recentes sobre gambás.

☐ contar uma história cujo personagem principal é um gambá.

☐ instruir alguém sobre o modo de agir diante de um gambá.

☐ transmitir conhecimentos sobre gambás.

3 O texto explica duas habilidades curiosas dos gambás: a tanatose e o mau cheiro.

a) Por que os gambás desenvolveram essas habilidades?

b) Por que essas habilidades afastam os predadores?

4 Releia a legenda a seguir, logo abaixo da imagem.

▶ Acredite se quiser, os gambás são primos americanos dos cangurus australianos.

- Por que a **legenda** foi usada no trecho acima?

> **Legenda** é um pequeno texto que explica a relação da foto com o texto que ilustra. Também pode conter comentários ou informações complementares.

5 Releia o trecho a seguir, observando os termos destacados.

> [...] o **gambá *Didelphis virginiana***, encontrado nos Estados Unidos, é craque nesse teatro [...].

Didelphis virginiana é o nome da espécie do gambá mencionado. O **vocabulário técnico** é muito comum em textos de divulgação científica.

> Os textos de divulgação científica apresentam **vocabulário técnico**, isto é, há muitos termos da linguagem científica.

- Sublinhe no texto outros exemplos de termos científicos.

Texto 2

Antes de ler

1. Observe o texto a seguir. Qual gênero de texto você acha que vai ler?
2. Onde o texto foi publicado?

Gambá 1

E aí, galera! Tudo bem? Eu li o texto Ai, que fedor!. Ele é muito bom. Gostei de saber que o gambá consegue se defender fingindo de morto e também porque solta um pum. Eu tenho oito anos. Gostei muita da revista. Tchau. Grato!

Luiz Fernando Faria Gomes. Jaiba/MG.

Oi, Luiz. Os gambás são animais com muitas características curiosas, inclusive, o cheirinho. Fique de olhos nas edições CHC e descubra!

Gambá 2

Nós gostamos muito do artigo Ai, que fedor!, em que vocês falam sobre o gambá. Alguns são muito pequenos. Gostaríamos que vocês publicassem textos sobre peixes coloridos, cavalos e plantas.

Alunos do 3º ano A. Escola Municipal Luiz Gonzaga. Major Izidoro/AL.

Olá, turma. Gambás fazem sucesso na CHC. Visite (chc.org.br) e saibam mais sobre outros assuntos!

Mais bichos

Olá! Estamos escrevendo esta carta para falar o quanto gostamos das informações que saem na CHC. Queremos sugerir temas sobre animais: polvo, lobo grande, rena, quati, tigre e peixe boi.

Alunos do 3º ano A e B. Escola Municipal Santa Rita de Cássia. Santa Fé de Goiás/GO.

Olá, pessoal! As sugestões foram anotadas, mos vocês podem encontrar textos sobre alguns desses animais em edições anteriores da CHC. Que tal pesquisar na revista digital?

Revista *Ciência Hoje das Crianças*, n. 304, ano 32, out. 2019. p. 29.

Interagindo com a carta de leitor

1 Em que seção da revista *Ciência Hoje das Crianças* as cartas de leitores foram publicadas?

_____

2 Observe que cada carta de leitor tem um título.

a) Que títulos são esses?
_____

b) Quem escreveu esses títulos: os leitores ou a equipe da revista?
_____
_____

c) Para que serve o título nessas cartas?
_____
_____
_____

3 **Remetente** é a pessoa que escreve e envia uma correspondência. Quem são os remetentes de cada carta citada no texto?

_____
_____
_____

4 Releia as mensagens enviadas pelos leitores. O que essas mensagens têm em comum?

_____
_____
_____

5 O que são os textos em itálico que aparecem ao final de cada **carta de leitor**?

A **carta de leitor** é um meio de comunicação entre leitores e revistas, jornais, *sites* e publicações em geral. Esse recurso costuma ser empregado para elogiar, sugerir temas, comentar, fazer perguntas ou reclamar sobre matérias publicadas.

6 Complete os espaços do esquema com as palavras abaixo para indicar as partes que compõem uma carta de leitor.

| título | resposta da revista | texto da carta | remetente |

Gambá 2

Nós gostamos muito do artigo Ai, que fedor!, em que vocês falam sobre o gambá. Alguns são muito pequenos. Gostaríamos que vocês publicassem textos sobre peixes coloridos, cavalos e plantas.

Alunos do 3º ano A. Escola Municipal Luiz Gonzaga. Major Izidoro/AL.

Olá, turma. Gambás fazem sucesso na CHC. Visite (chc.org.br) e saibam mais sobre outros assuntos!

Uso de adjetivos

1 Relembre o que são substantivos e adjetivos.

> **Substantivo:** palavra que tem a função de nomear os seres.
> **Adjetivo:** palavra que indica qualidade ou característica de um ser ou objeto, por isso acompanha os substantivos que caracteriza.

a) Agora, releia este trecho do **Texto 1**.

> Os **gambás** são, em geral, **pequenos** (a maior espécie pesa apenas sete quilos) e **lentos**. Por isso, são **presas fáceis** para **bichos maiores** e mais **rápidos**, como cachorros-do-mato e **felinos silvestres**. Para escapar de virarem almoço de **médios** e **grandes carnívoros**, os gambás desenvolveram algumas estratégias: uma é a tanatose, outra, o **mau cheiro**.

b) Complete o quadro com as palavras destacadas no trecho. Observe o modelo.

Substantivo	Adjetivo que se refere ao substantivo
gambás	pequenos
gambás	lentos

2 Releia dois trechos de cartas de leitor estudadas nesta unidade.

> E aí, galera! Tudo bem? Eu li o texto Ai, que fedor!. Ele é muito bom. Gostei de saber que o gambá consegue se defender fingindo de morto e também porque solta um pum.

> Nós gostamos muito do artigo Ai, que fedor!, em que vocês falam sobre o gambá. Alguns são muito pequenos.

Revista Ciência Hoje das Crianças

a) Que adjetivo foi utilizado por um dos leitores para indicar uma qualidade do texto "Ai, que fedor!"?
_____

b) No contexto, a que se refere a palavra **alguns**?
_____
_____

c) Que palavra é usada para apresentar uma característica de **alguns**? Essa palavra é um substantivo ou adjetivo?
_____
_____

d) Levando em conta as respostas anteriores, explique: o que os adjetivos expressam nos trechos citados?
_____
_____
_____

Oficina de produção

Carta de leitor

Na Unidade 1, você escreveu uma carta pessoal para um correio secreto entre os alunos da turma. Agora é a sua vez de escrever uma carta para uma seção de **Carta de leitores** de um jornal ou revista. Vamos lá?

RECORDAR

1. O mapa mental a seguir apresenta as principais características de uma carta de leitor. Complete as lacunas com as opções a seguir e consulte o mapa sempre que quiser relembrar esse gênero.

| abertura | comentários | carta | jornais |
| nome | remetente | título | |

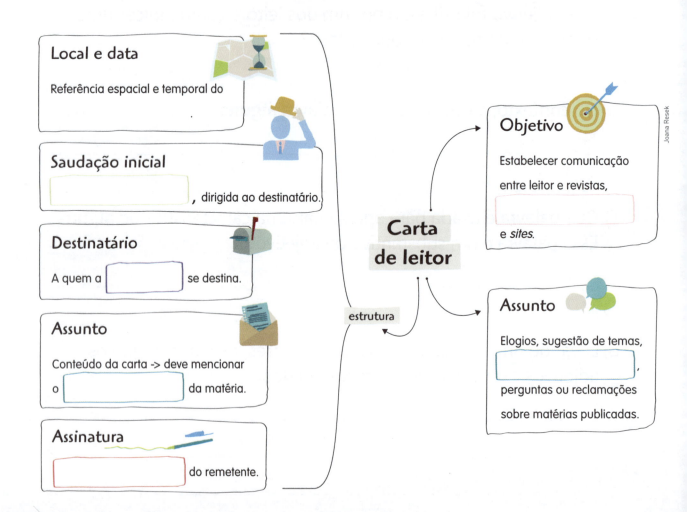

PLANEJAR

2. Você e os colegas da turma vão escolher uma notícia ou reportagem e escrever sobre ela na seção "Carta de leitor". Com o auxílio do professor, pesquisem em *sites* voltados ao público infantil. Escolham a(s) matéria(s) que querem comentar. O professor vai definir se as cartas devem ser escritas individualmente ou em pequenos grupos.

PRODUZIR

3. Leiam o(s) texto(s) escolhido(s) e conversem sobre ele(s). Avaliem o que acharam mais interessante ou o que consideram que poderia ser explorado pelo meio de comunicação ou pelo jornalista responsável pelo texto. Vocês podem também escrever para falar da experiência de leitura do texto.

4. Com base no que conversaram e avaliaram, escrevam um rascunho da carta.

REVISAR

5. De acordo com as orientações do professor, revisem o texto, verificando se:
   - foram indicados o local e a data em que a carta foi escrita, a saudação inicial e o nome do destinatário;
   - a mensagem e a linguagem utilizadas estão adequadas;
   - a carta está assinada.

COMPARTILHAR

6. Com a ajuda do professor, postem a carta no *site* do destinatário. Outra opção é mandá-la pelo correio. Para isso, é importante ficarem atentos ao preencher o envelope.

Conheça

Sites e podcasts
- *Enciclopédia on-line*. Reúne diferentes conhecimentos sobre diversos aspectos do mundo humano. Disponível em: https://escola.britannica.com.br. Acesso em: 2 mar. 2020.
- *Só Biologia – Biokids*. Site que apresenta jogos relacionados ao ensino de Ciência. Disponível em: https://www.sobiologia.com.br/biokids.php#. Acesso em: 2 mar. 2020.
- *Coisa de Criança: podcast*. Podcast que explica diferentes curiosidades sobre a natureza. Disponível em: https://coisadecrianca.com.br. Acesso em: 2 mar. 2020.

UNIDADE 7
Andar em segurança

O que você vai estudar?
Gêneros
- Campanha educativa
- Conto

Intervalo
- Formação de palavras

O que você vai produzir?
Oficina de produção
- Campanha educativa (multimodal)

Antes de ler

1. Observe o laço amarelo. Você conhece esse símbolo? O que sabe sobre ele?

2. Abaixo do laço está escrito **maio amarelo**. Você sabe o que isso significa?

"Se tiver gente passando na faixa, respeite."

maio amarelo
No trânsito, o sentido é a vida.

Ouvir o conselho de quem te ama faz todo o sentido. Faça sua parte para um trânsito mais seguro.

50% dos pedestres atropelados não resistem aos ferimentos e morrem.*

Interagindo com a campanha educativa

1 Nos semáforos, cada cor transmite uma mensagem ao motorista.

a) Ligue cada cor à informação indicada por ela.

A passagem logo será fechada.

Caminho livre. Siga em frente.

Passagem impedida. Pare.

b) Por que a cor escolhida para a campanha que você leu é a amarela?

2 Qual problema motivou esse cartaz da campanha educativa Maio Amarelo?

☐ A falta de segurança na travessia de pedestres.

☐ A falta de placas de trânsito.

☐ A falta de semáforos.

☐ A falta de bicicletas nas vias públicas.

3 Todas as afirmativas abaixo são estratégias usadas para convencer o leitor a colaborar com a campanha, **exceto**:

☐ apresentar dados sobre a quantidade de pessoas atropeladas.

☐ sugerir que adultos ouçam a quem os ama.

☐ usar a imagem de uma criança.

☐ usar imagens chocantes para assustar o leitor.

4 De que forma os leitores podem colaborar com a campanha educativa?

_____

_____

> Uma **campanha educativa** visa alertar sobre um problema em alguma área social (saúde, educação, cidadania etc.), convidando a população a colaborar com a causa. Assim, a capacidade de convencer o interlocutor é uma característica fundamental desses textos.

5 Observe a palavra destacada no trecho a seguir.

Me **ouça**

a) A quem o pedido se dirige?

_____

_____

b) Quem deve ser ouvido?

_____

c) O verbo **ouvir** está no **modo imperativo**. Como ficariam os verbos a seguir se estivessem nessa forma verbal?

Ouvir: me ouça

Escutar: _____.

Falar: _____.

Dizer: _____.

> Nas campanhas educativas, é comum a presença de verbos no **modo imperativo** e no presente do modo indicativo. Além disso, os textos apresentam linguagem objetiva e clara.

6 Leia o texto a seguir.

https://www.itapeva.sp.gov.br

Campanha Maio Amarelo propõe conscientizar a comunidade por um trânsito mais seguro

Iniciativa explica que os adultos devem ouvir o conselho de uma criança

A 6ª edição da Campanha Maio Amarelo traz este ano como tema "No Trânsito, o Sentido é a Vida", aprovado pelo Contran – Conselho Nacional de Trânsito e recomendado na Resolução nº 771, de 28 de fevereiro de 2019.

Assim como em 2018, o tema escolhido propõe o envolvimento direto da sociedade nas ações e uma reflexão sobre uma nova forma de encarar a mobilidade. Trata-se de um estímulo a todos os condutores, seja de caminhões, ônibus, vans, automóveis, motocicletas ou bicicletas, e aos pedestres e passageiros, a optarem por um trânsito mais seguro.

A proposta é que os adultos ouçam o conselho dado por uma criança, que, com sua ingenuidade e inexperiência perante a vida, tem uma percepção e absorção do que é certo e errado com mais eficácia.

[...]

Prefeitura de Itapeva. *Campanha Maio Amarelo propõe conscientizar a comunidade por um trânsito mais seguro.* Disponível em: https://www.itapeva.sp.gov.br/noticia/sem-categoria/campanha-maio-amarelo-propoe-conscientizar-a-comunidade-por-um-transito-mais-seguro/. Acesso em: 15 mar. 2020.

a) Sublinhe no texto o objetivo da campanha.

b) Por que a campanha propõe aos adultos que ouçam as crianças?

_____
_____

c) Releia o cartaz do **Texto 1**. O que a **imagem** da criança representa?

_____
_____

> Campanhas educativas geralmente usam recursos como **imagens** e gráficos. Esses recursos ajudam a transmitir mensagens de forma rápida.

Antes de ler

1. Leia o nome da autora do texto. Você a conhece? Já leu alguma história que ela escreveu?
2. Observe a ilustração e leia o título do texto. Do que a história vai tratar?

A bolsa, a bolsinha e a bolsona

Rosane Pamplona

Ia o menino para a cidade grande pela primeira vez.

O pai recomendou:

— Filho, tome o dinheiro para o trem, mas guarde-o sempre nesta bolsinha. Só tire da bolsinha as notas que precisar e nunca a deixe aberta.

O menino guardou bem aquelas palavras, pegou a bolsinha com o dinheiro e foi se despedir da mãe. A mãe olhou a bolsinha e achou que não era segura. Pegou uma outra, maior, e ensinou ao garoto:

— Meu filho, leve a bolsinha de dinheiro sempre dentro desta bolsa. E nunca a deixe aberta!

O menino prometeu obedecer e foi se despedir da avó. A avó, mais **precavida**, achou melhor dar-lhe uma bolsa maior ainda. E explicou:

— Meu neto, ponha sempre a bolsa com a bolsinha dentro desta bolsona. E nunca a deixe aberta!

O menino ouviu tudo com atenção e foi embora pegar o trem. Chegando ao **guichê** onde se comprava o bilhete, abriu a bolsona e tirou dela a bolsa. Fechou a bolsona e abriu a bolsa. Tirou a bolsinha, fechou a bolsa, abriu a bolsona, guardou a bolsa, fechou a bolsona. Então, abriu a bolsinha, tirou uma nota de dez e fechou a bolsinha. Abriu a bolsona, tirou a bolsa, fechou a bolsona, abriu a bolsa, guardou a bolsinha, fechou a bolsa, abriu a bolsona, guardou a bolsa, fechou a bolsona. Só então deu o dinheiro para o funcionário do guichê.

Mas este não quis dar o bilhete:

— O preço é doze, rapazinho.

O menino, então, abriu a bolsona, tirou a bolsa, fechou a bolsona, abriu a bolsa, tirou a bolsinha, fechou a bolsa, abriu a bolsona, guardou a bolsa, fechou a bolsona, abriu a bolsinha, tirou mais uma nota de dez, fechou a bolsinha. Daí abriu a bolsona, tirou a bolsa, fechou a bolsona, abriu a bolsa, guardou a bolsinha, fechou a bolsa, abriu a bolsona, guardou a bolsa e fechou a bolsona. Deu a outra nota para o funcionário, que lhe devolveu o troco.

O menino, para guardar o troco, abriu a bolsona, tirou a bolsa, fechou a bolsona, abriu a bolsa, tirou a bolsinha, fechou a bolsa, abriu a bolsona, guardou a bolsa, fechou a bolsona, abriu a bolsinha, guardou o dinheiro, fechou a bolsinha, abriu a bolsona, tirou a bolsa, fechou a bolsona, abriu a bolsa; porém, antes que ele guardasse a bolsinha na bolsa, fechasse a bolsa, abrisse a bolsona, guardasse a bolsa na bolsona e fechasse a bolsona, o trem passou e ele... perdeu o trem!

Glossário

Guichê: local onde as pessoas compram passagens de ônibus, de trem etc.
Precavido: prevenido.

Rosane Pamplona. A bolsa, a bolsinha e a bolsona. Em: *Era uma vez – três*. São Paulo: Moderna, 2012. E-book.

Quem é a autora?

Rosane Pamplona nasceu na cidade de São Paulo, em 1954. Formou-se em Letras pela Universidade de São Paulo. É professora, autora, contadora de histórias e ministra cursos de formação para professores.

Interagindo com o conto

1 Qual é o objetivo principal do texto?

☐ Ensinar o leitor a usar bolsas.

☐ Contar uma história sobre um menino e suas bolsas.

☐ Defender uma opinião sobre a melhor bolsa.

☐ Apresentar versos e estrofes com rimas.

2 Os personagens da história são o menino, o pai, a mãe, a avó e o funcionário do guichê.

a) Volte ao início do conto e observe como foram escritos os diálogos entre o menino e seus familiares. Predomina o discurso direto ou o discurso indireto?

_____

b) Qual foi a recomendação dos familiares do menino em relação ao dinheiro que ele carregava?

_____
_____
_____
_____

c) Em sua opinião, por que os familiares do menino se preocuparam tanto em relação ao dinheiro?

_____
_____
_____

3 Releia o trecho a seguir.

> Mas **este** não quis dar o bilhete:
> — O preço é doze, rapazinho.

- A palavra destacada refere-se a quê? Volte ao texto e localize a informação.

_____

4 Releia o desfecho da história.

a) Por que o menino perdeu o trem?

_____
_____

b) O que o menino deveria ter feito assim que chegou ao guichê para comprar a passagem rapidamente?

_____
_____
_____

5 Qual foi o grande motivo da confusão que aconteceu na história?

_____
_____

6 O que a frase "Me ouça", indicada no **Texto 1**, tem em comum com o seguinte trecho do **Texto 2**?

> — Meu filho, leve a bolsinha de dinheiro sempre dentro desta bolsa.

_____
_____

Formação de palavras

1 Releia o trecho a seguir, do conto "A bolsa, a bolsinha e a bolsona".

> O menino, para guardar o troco, abriu a bolsona, tirou a bolsa, fechou a bolsona, abriu a bolsa, tirou a bolsinha, fechou a bolsa, abriu a bolsona, guardou a bolsa, fechou a bolsona, abriu a bolsinha, guardou o dinheiro, fechou a bolsinha, abriu a bolsona, tirou a bolsa, fechou a bolsona, abriu a bolsa; porém, antes que ele guardasse a bolsinha na bolsa, fechasse a bolsa, abrisse a bolsona, guardasse a bolsa na bolsona e fechasse a bolsona, o trem passou e ele... perdeu o trem!

a) Quais palavras aparecem mais vezes no trecho?

_____
_____

b) Que efeitos de sentido essa repetição traz ao texto?

_____
_____

2 Observe o processo de formação das palavras a seguir. Preste atenção na parte em comum entre elas, chamada **radical**.

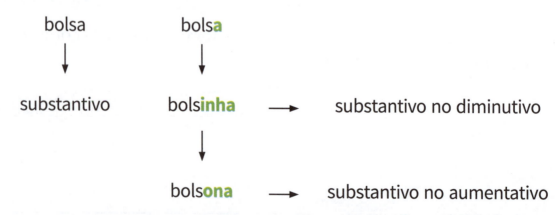

O diminutivo e o aumentativo da palavra **bolsa** foram formados com o acréscimo de sufixos ao radical da palavra.

- Agora forme o aumentativo e o diminutivo do substantivo e do adjetivo a seguir. Atenção: em alguns casos, os sufixos podem não ser os mesmos! Observe também a flexão de feminino e masculino.

a) menino _____ .

b) grande _____ .

3 Vamos formar novas palavras!

a) Forme substantivos com base nos adjetivos apresentados. Utilize sufixos como **-eza** ou **-dade**.

gentil _____ .   claro _____ .

bom _____ .   feliz _____ .

fácil _____ .   esperto _____ .

b) Forme novos verbos com base nos apresentados a seguir. Utilize prefixos como **-re** ou **-des**.

fazer _____ .

ver _____ .

escrever _____ .

montar _____ .

c) Dos verbos formados, quais têm sentido de repetição? E de oposição?

_____

_____

Sufixos são elementos que, acrescentados **após** o radical, formam novas palavras.
Prefixos são elementos que, acrescentados **antes** do radical, formam novas palavras.

113

Oficina de produção

Campanha educativa

Agora é a sua vez de elaborar uma campanha educativa para conscientizar as pessoas a atravessar a rua na faixa de pedestres.

RECORDAR

1. O mapa mental abaixo apresenta as principais características de uma campanha educativa. Complete as lacunas utilizando as opções a seguir.

colaboração   convencer   criatividade   efeitos

leitor   pedido   verbal

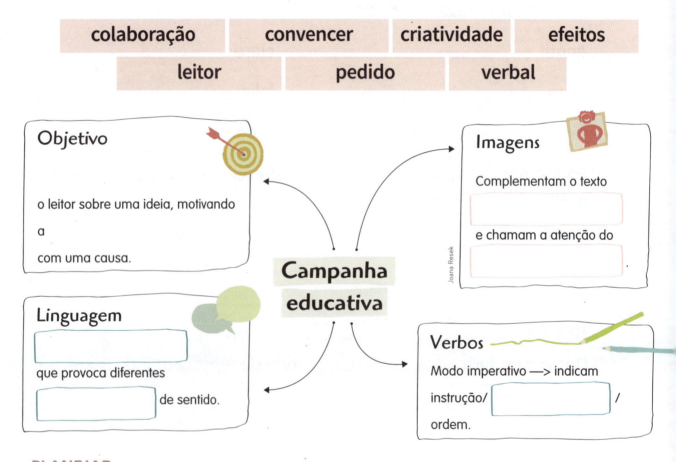

PLANEJAR

2. Reúna-se com dois colegas para planejar a campanha educativa do grupo. Vocês produzirão um cartaz e um áudio, que serão divulgados nas redes sociais.

3. Pensem em como chamar a atenção das pessoas que vão ler o cartaz e ouvir o áudio. Uma das formas é utilizar um *slogan*.

> **Slogan**: frase curta e fácil de memorizar. Geralmente é utilizado em campanhas educativas, anúncios publicitários e propagandas. Por exemplo: "Sempre com você"; "Conte conosco".

4. Façam um rascunho do cartaz, pensando na forma como o *slogan* e as imagens estarão distribuídos no papel. Para o áudio, planejem o texto que será lido. Ele deve ser curto e direto, motivando as pessoas a sempre atravessar a rua na faixa de pedestres.

PRODUZIR

5. Agora, criem o cartaz e o áudio da campanha. Lembrem-se: o texto deve convencer o leitor da importância de atravessar a rua utilizando a faixa de pedestres.

6. Organizem a ilustração e o texto verbal de modo que atraiam a atenção do leitor. O cartaz pode ser produzido em um programa de computador e depois impresso ou vocês podem fazer tudo manualmente. É possível utilizar ilustrações ou fotografias feitas por vocês ou imagens gratuitas disponíveis na internet.

7. Na produção do áudio, utilizem as informações pesquisadas e o texto que escreveram e gravem o áudio com o celular.

REVISAR

8. Troquem o cartaz e o áudio com outro trio e avaliem se são claros e convincentes.

9. Caso seja necessário, façam as alterações indicadas pelos colegas, antes de entregar a campanha para o professor.

COMPARTILHAR

10. Compartilhem os cartazes e os áudios nas redes sociais, com amigos e familiares.

Conheça

Site
- *Criança segura*. O *site* oferece diferentes jogos que tratam do assunto segurança em diversos ambientes, como "segurança na água", "fuja da queimadura" etc. Disponível em: https://criancasegura.org.br/game/. Acesso em: 15 mar. 2020.

UNIDADE 8
No mundo da ciência

O que você vai estudar?
Gêneros
- Experiência científica
- Relatório de experimento

Intervalo
- Imperativo e formação de palavras

O que você vai produzir?
Oficina de produção
- Relatório de experimento

Texto 1

Antes de ler

1. Observe as figuras no texto. O que elas parecem indicar?
2. O que você acha que é este texto?

Vamos criar um minivulcão submarino?

Você vai precisar de:

- 1 garrafa PET grande e transparente
- 1 minigarrafa de vidro
- Água fria e quente
- Barbante
- Corante vermelho

1. Corte a garrafa PET um pouco abaixo da "boca".
2. Encha a garrafa PET com água fria (deixe um espaço de cerca de 2 dedos sem água).
3. Amarre a minigarrafa com um pedaço de barbante, mais comprido do que a garrafa PET.
4. Pingue o corante na minigarrafa (até a altura de 1 dedo).
5. Com cuidado, despeje água quente na garrafinha quase até a "boca".
6. Segure a minigarrafa pelo barbante e coloque-a no fundo da PET.
7. Observe o movimento da água quente.

Reflita...

Por que a água quente sobe?

Ela é menos densa do que a água fria.

Ocorria o mesmo com os balões de Dumont!

O hidrogênio, por ser menos denso do que o ar, os fazia subir aos céus.

Experimente...

Trocar a água quente de dentro da garrafinha por água gelada.

Será que o minivulcão funcionará do mesmo jeito?

Vamos criar um minivulcão submarino? Em: Catálogo da exposição *O poeta voador*, realizada pelo Museu do Amanhã (Rio de Janeiro, no estado do Rio de Janeiro) em 2016.

Interagindo com a experiência científica

1 A **experiência científica** que você leu divide-se em quatro partes.

• Complete o quadro a seguir com exemplos de cada parte do texto.

Parte do texto	Exemplo
Figuras ilustrativas	
Reflexão/Observação	
Material	
Procedimentos	

A **experiência científica** apresenta pelo menos duas partes: **material** e **procedimentos**.

2 Releia este trecho dos procedimentos.

> 4. **Pingue** o corante na minigarrafa (até a altura de 1 dedo).
> 5. Com cuidado, **despeje** água quente na garrafinha quase até a "boca".
> 6. **Segure** a minigarrafa pelo barbante e **coloque**-a no fundo da PET.
> 7. **Observe** o movimento da água quente.

• A apresentação das instruções passo a passo, de forma numerada e em tópicos:

☐ dificulta a compreensão dos procedimentos.

☐ facilita a compreensão dos procedimentos.

☐ não interfere na compreensão dos procedimentos.

3 Observe a sequência de imagens:

a) O que indica a seta na vertical, abaixo da minigarrafa, na etapa 6?

_____

_____

b) O que indicam as setas na horizontal?

_____

> Em experiências científicas, é frequente o uso de **figuras** para auxiliar na compreensão dos procedimentos.

4 **Alberto Santos Dumont** foi um aeronauta e inventor brasileiro que projetou, construiu e conduziu os primeiros balões dirigíveis com motor a gasolina.

• Releia este trecho da experiência científica.

> Ocorria o mesmo com os balões de **Dumont**!

a) O que acontecia com os balões de Santos Dumont?

b) Por que isso acontecia?

5 Considere estas duas palavras encontradas no texto: **minivulcão** e **minigarrafa**. O prefixo **mini-** significa:

☐ sem importância.   ☐ muito pequeno.

☐ indicado para crianças.   ☐ artificial.

Antes de ler

1. Leia o título do texto. Você sabe o que é **cromatografia**?
2. Você acha que o texto a seguir é uma experiência científica? Por quê?

---

http://www.invivo.fiocruz.br/cgi/cgilua.exe/sys/start.htm?infoid=989&sid=3

Cromatografia em papel

Publicada em: 09/07/2008 às 18:28
Experiências
Denise Moraes

Para essa experiência você vai precisar de:

- 6 tiras de papel (de preferência aquele papel dos filtros de café);
- 2 copinhos plásticos;
- Um pouco de água;
- Um pouco de álcool (Cuidado: mantenha o álcool longe do fogo!);
- Canetas (hidrocor) nas cores amarelo, azul-claro, rosa e outra cor de sua preferência.

[...]

Parte 1 – Corrida de cores

Conte a medida de um dedo do fundo dos copos para cima e faça uma marca. Em seguida, em um deles, coloque álcool e, no outro, água. Atenção: o líquido deve estar na altura da marca no copo ou abaixo.

Pegue duas tiras de papel. Em cada uma delas, marque três pontos: um na cor rosa, um em amarelo e outro em azul-claro. Os pontos devem ser desenhados a um dedo da extremidade do papel.

Mergulhe uma tira no copo com água e outra no copo com álcool, com a extremidade do papel mais próxima do desenho voltada para baixo. Aguarde e observe.

Qual cor sobe mais rápido no álcool?
Qual cor sobe mais rápido na água?
Você imagina por que uma cor sobe mais rápido que a outra?

Parte 2 – Mistura de cores primárias

Agora separe mais três tiras de papel. Na primeira você vai desenhar um risco [...] usando primeiro a caneta amarela e por cima a azul-claro. Na segunda vai fazer o mesmo desenho usando as canetas amarela e rosa. E na terceira vai usar as canetas azul-claro e rosa.

Verifique a cor que foi formada em cada tira a partir das misturas. [...]

Coloque a primeira tira apenas na água (Não deixe o risco encostar no líquido!). Aguarde e observe. O que aconteceu?

Em seguida repita a mesma operação na água com as outras duas tiras. Observe cada uma.

Qual é a cor resultante da mistura do amarelo com o azul-claro? E do amarelo com o rosa? E do azul-claro com o rosa?

Parte 3 – Usando outras cores

Agora escolha outra cor de sua preferência e faça o risco na tira de papel. [...] Ponha a tira no copinho com água. Aguarde e observe. [...]

Então, houve aparecimento de outras cores?

Vamos entender melhor o que aconteceu?

[...] à medida que a água sobe pelo papel, a tinta é dissolvida e se espalha. As cores escalam o papel – algumas avançando mais rápido que as outras.

Isso acontece porque as fibras de celulose do papel interagem com a água e os pigmentos. Os corantes das canetinhas têm composição química diferente, e é o tipo de interação do corante com o papel que irá determinar o quanto ele subirá. Quanto mais forte for a interação, mais lento será o processo.

Chamamos este processo de separação de substâncias de cromatografia, e ele é usado de diversas formas para se separar e identificar substâncias químicas [...]

O que você acha que aconteceria se nas duas últimas partes da experiência usássemos álcool no lugar de água? Quer saber? Experimente!

Colaboração: Paula Bonatto – Parque da Ciência/Museu da Vida.
Fonte de imagens: Museu da Vida/Fiocruz.

Denise Moraes. Cromatografia em papel. *InVivo*, Rio de Janeiro, 9 jul. 2008. Disponível em: http://www.invivo.fiocruz.br/cgi/cgilua.exe/sys/start.htm?infoid=989&sid=3. Acesso em: 25 mar. 2020.

Interagindo com o relatório de experimento

1 Observe as imagens do texto e responda às questões a seguir.

a) Apenas pelas imagens, sem ler os procedimentos, você saberia como realizar esse experimento?

b) Qual é a função das imagens no texto?

2 Releia o relato de observação.

> **Vamos entender melhor o que aconteceu?**
>
> [...] à medida que a água sobe pelo papel, a tinta é dissolvida e se espalha. As cores escalam o papel – algumas avançando mais rápido que as outras.
>
> Isso acontece porque as fibras de celulose do papel interagem com a água e os pigmentos. Os corantes das canetinhas têm composição química diferente, e é o tipo de interação do corante com o papel que irá determinar o quanto ele subirá. Quanto mais forte for a interação, mais lento será o processo.
>
> Chamamos este processo de separação de substâncias de cromatografia e ele é usado de diversas formas para se separar e identificar substâncias químicas [...]
>
> O que você acha que aconteceria se nas duas últimas partes da experiência usássemos álcool no lugar de água? Quer saber? Experimente!

a) Escreva com suas palavras o que você entendeu do relato.

_____
_____
_____
_____
_____

b) O que você acha que vai acontecer se for utilizado álcool? Por quê?

_____

_____

_____

3 A imagem a seguir mostra o resultado do primeiro experimento descrito na **Parte 1 – Corrida de cores**. Observe a cromatografia das cores e, no caderno, escreva um pequeno relato de suas observações.

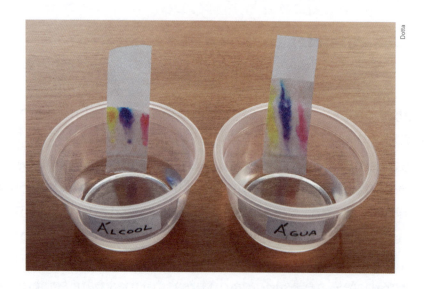

4 Cada texto que você leu nesta unidade contém uma **experiência científica**. Qual é o objetivo desse tipo de texto?

☐ Relatar uma experiência científica.

☐ Defender uma opinião sobre uma experiência científica.

☐ Instruir alguém a realizar uma experiência científica.

☐ Fazer reflexões poéticas sobre uma experiência científica.

> No gênero **experiência científica** são explicados os procedimentos para a realização de um experimento científico, com o objetivo de observar os resultados.

Imperativo e formação de palavras

1 Leia novamente.

> **Parte 3 – Usando outras cores**
>
> Agora escolha outra cor de sua preferência e faça o risco na tira de papel. [...] Ponha a tira no copinho com água. Aguarde e observe. [...]

- Na parte dos procedimentos, foram utilizados diversos verbos no modo **imperativo**. Registre a seguir a forma **infinitiva**, como no exemplo.

escolha – escolher

faça – _____

ponha – _____

aguarde – _____

observe – _____

> Nos procedimentos, as orientações são apresentadas com verbos no **imperativo** ou no **infinitivo**.

2 Imagine que na orientação citada na atividade anterior fosse solicitado que algumas ações se repetissem. Para reescrever o trecho, siga as instruções:

a) Utilize o prefixo **re-** antes de alguns verbos, para criar esse sentido.

b) Para confirmar se o verbo existe, use um dicionário.

c) Preencha as lacunas.

> **Parte 3 – Usando outras cores**
>
> Agora escolha mais uma cor de sua preferência e _____ o risco na tira de papel. [...] _____ a tira no copinho com água. Aguarde e _____. [...]

Oficina de produção

Relatório de experimento

Agora é a sua vez de fazer o relatório de um experimento. Com um colega, você deve escolher uma experiência e fazer anotações sobre o que observa. Antes, vamos recordar como fazer um relatório.

RECORDAR

1. O mapa mental a seguir apresenta as principais características de um relatório de experimento. Complete as lacunas utilizando as opções a seguir.

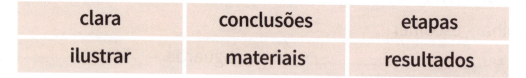

| clara | conclusões | etapas |
| ilustrar | materiais | resultados |

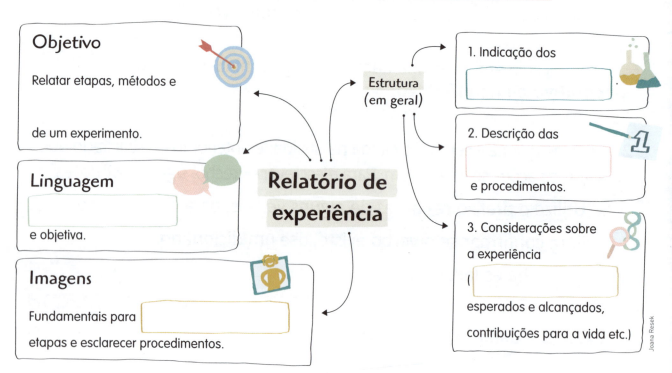

PLANEJAR

2. Com a colaboração de um adulto ou do professor de Ciências, escolha um experimento. Na seção **Conheça**, na página seguinte, há indicação de uma série com diferentes experimentos científicos para pesquisa.

3. Ao escolher o experimento, lembre que é importante fazer uma simulação com o objetivo de entender como ele funciona ou o que pode acontecer. A finalidade pode ser, também, comprovar uma hipótese.

PRODUZIR

4. Comecem o experimento. A cada etapa diferente (corte, colagem, montagem), tirem uma foto e anotem no caderno o que estão fazendo.
5. Ao final, anotem as conclusões da dupla.
6. Passem o texto a limpo. O relatório deve conter as seguintes informações:
    - nome do experimento;
    - materiais utilizados;
    - etapas de confecção;
    - conclusões.

REVISAR

7. Troquem o relatório com outra dupla e avaliem se:
    - os materiais utilizados foram listados;
    - as etapas estão descritas com clareza;
    - há fotos que ilustram cada etapa;
    - as conclusões indicam as impressões da dupla.
8. Se necessário, façam as alterações solicitadas pelos colegas antes de entregar o relatório para o professor.

COMPARTILHAR

9. Compartilhem os relatórios da turma no *site* ou *blog* da escola. Vocês também podem imprimir esse material, montar cartazes e afixá-los em um mural na escola.

Conheça

Nat Geo Kids Brasil

Série
- *Nat Geo Lab*. A série apresentada pela *youtuber* Paula Stephânia mostra diversos experimentos científicos que podem ser feitos em casa por crianças. Além disso, o programa tem a participação do personagem Tubeto, que faz perguntas científicas aos telespectadores. Disponível em: https://www.youtube.com/watch?v=orHU0kGhyBo&list=PLufXW7NMhbp9Jw576rS00-GbrvnduyzU. Acesso em: 25 mar. 2020.

Bibliografia

ANTUNES, Irandé. *Lutar com palavras*: coesão e coerência. São Paulo: Parábola, 2005.

BAGNO, Marcos. *Preconceito linguístico*: o que é, como se faz. São Paulo: Loyola, 2011.

BAKHTIN, Mikhail. *Estética da criação verbal*. São Paulo: Martins Fontes, 2000.

BECHARA, Evanildo. *Moderna gramática brasileira*. 38. ed. Rio de Janeiro: Lucerna, 2015.

BRASIL. Ministério da Educação. *Base Nacional Comum Curricular*. Brasília: MEC, 2018. Disponível em: http://basenacionalcomum.mec.gov.br/. Acesso em: 25 mar. 2020.

BRONCKART, Jean-Paul. *Atividade de linguagem, textos e discursos*: por um interacionismo sociodiscursivo. São Paulo: Educ, 1999.

COSTA, Sérgio R. *Dicionário de gêneros textuais*. Belo Horizonte: Autêntica, 2008.

FARACO, Calos A.; TEZZA, Cristóvão. *Oficina de texto*. 3. ed. Petrópolis: Vozes, 2003.

FREIRE, Paulo. *Medo e ousadia*: o cotidiano do professor. Rio de Janeiro: Paz e Terra, 2001.

KLEIMAN, Ângela. *Texto e leitor*: aspectos cognitivos da leitura. Campinas: Pontes, 2011.

KOCH, Ingedore V. *O texto e a construção de sentido*. 10. ed. São Paulo: Contexto, 2010.

MAGALHÃES, Tânia G.; GARCIA-REIS, Andreia R.; FERREIRA, Helena M. (org.). *Concepção discursiva de linguagem*: ensino e formação docente. Campinas: Pontes, 2017.

MARCUSCHI, Luiz A. Produção textual, *análise de gêneros e compreensão*. São Paulo: Parábola, 2011.

MORAIS, Artur G. *Ortografia*: ensinar e aprender. 4. ed. São Paulo: Ática, 2003.

NEVES, Maria. H. M. *Gramática de usos do português*. 2. ed. São Paulo: Unesp, 2011.

ROJO, Roxane; BARBOSA, Jacqueline P. *Hipermodernidade, multiletramentos e gêneros discursivos*. São Paulo: Parábola, 2015.

SCHNEUWLY, Bernard. O ensino da comunicação. *Revista Nova Escola*, São Paulo, n. 157, nov. 2002.